Neubau des Schuldrechts

Ein Beitrag
zur Reform des deutschen Rechts

von

Walther Dörr
Regierungspräsident a. D.

1934
München, Berlin und Leipzig
J. Schweitzer Verlag (Arthur Sellier)

Druck von Dr. F. P. Datterer & Cie., Freising-München.

Eduard Thurneysen

in Ehrerbietung und Freundschaft

gewidmet

Inhalt.

Vorwort.

Den ersten Anstoß zu den folgenden Untersuchungen hat ein praktischer Fall gegeben, dessen Entscheidung mir im Jahre 1907 bei meiner zweiten juristischen Staatsprüfung vor der Oldenburgischen Staatsprüfungskommission oblag. Es handelte sich um eine sogenannte „positive Vertragsverletzung". Dieses im Jahre 1903 zuerst von Staub zur Diskussion gestellte, an die Wurzeln des Schuldrechts rührende Problem hat mich seither nicht mehr losgelassen. So erwuchsen in den Jahren unmittelbar vor und während des Krieges die Abhandlungen Nr. 1 bis 6 dieser Schrift, von denen die ersten vier damals zuerst im „Recht", die fünfte und sechste in der „Leipziger Zeitschrift für Deutsches Recht" erschienen sind. Den niemals aufgegebenen Plan, meine Untersuchungen fortzusetzen und durchzuführen, habe ich, seit 1919 als Leiter der Verwaltung meiner Birkenfelder Heimat in Anspruch genommen, immer wieder zurückstellen müssen. Erst nach dem Ausscheiden aus meinem Amt war mir die Zeit verstattet, die alte Arbeit nachhaltig wieder aufzunehmen. Ich bin, fast ohne meinen Willen vom Zuge meiner Forschungen mitgerissen, zu neuen überraschenden Ergebnissen geführt worden, so daß ich die Absicht, mit weiteren Einzelabhandlungen in Fachzeitschriften hervorzutreten, aufgegeben und mich entschlossen habe, die organisch zusammenhängenden, bisher erwachsenen Arbeiten insgesamt in Buchform der Öffentlichkeit zu unterbreiten.

Den Wiederabdruck der zuerst im „Recht" erschienenen Aufsätze Nr. 1—4 hat Herr Hofrat Dr. Hs. Th. Soergel in Freilassing, der frühere Herausgeber dieser Zeitschrift, freundlichst gestattet. Ihm schulde ich Dank auch dafür, daß er mir vor reichlich 20 Jahren zuerst die Spalten seiner Zeitschrift geöffnet hat.

Dem Leser wird es das Verständnis wesentlich erleichtern, wenn er vor dem Studium der übrigen Abhandlungen die Lektüre des zusammenfassenden Schlußaufsatzes „Endergebnis" (Nr. 10) schon einmal vorwegnimmt.

Die Untersuchungen sind eine Auseinandersetzung mit den Problemen des Schuldrechts selbst. Auf eine extensive Auseinandersetzung mit der über das Maß angewachsenen Literatur und Judikatur des Schuldrechts ist daher bewußt verzichtet. Diese Auseinandersetzung liegt für den Kundigen in der Problemstellung, den Lösungen und ihrer Begründung.

Von unserer Zeit gilt das Wort Heinrich von Kleists, daß sie „heißen Dranges voll die Gemüter auf eine schwere Probe stellt". Demgegenüber bedeutet meine Arbeit nicht etwa den Versuch einer Flucht in des „Herzens heilig stille Räume". Zu solchem Gedankenspiel ist schlechterdings kein Raum mehr. Wie schon der Titel andeutet, mündet die Schrift in einen Appell an die, die es angeht, die Klinke der Gesetzgebung in Bewegung zu setzen. Sie verfolgt bei strengster Wissenschaftlichkeit praktische Ziele und beansprucht nicht mehr und nicht minder, als ein erster Grundriß zu sein — oder aber doch die Idee zu einem solchen ersten Grundriß — zu dem möglichen Neubau eines einfach gegliederten, klaren und deshalb auch volkstümlichen deutschen Schuldrechts.

Tutzing am Starnbergersee, im Februar 1934.

Walther Dörr.

I.

Zur Lehre von den positiven Vertragsverletzungen[1]).

§ 160 Abs. 1 BGB. lautet: „Wer unter einer aufschiebenden Bedingung berechtigt ist, kann im Falle des Eintritts der Bedingung Schadenersatz von dem anderen Teile verlangen, wenn dieser während der Schwebezeit das von der Bedingung abhängige Recht durch sein Verschulden vereitelt oder beeinträchtigt."

Zweifellos bezieht sich diese Vorschrift auch auf aufschiebend bedingte Forderungen. Sie besagt also auch: der Schuldner, der eine aufschiebend bedingte Forderung während der Schwebezeit schuldhaft vereitelt oder beeinträchtigt, macht sich dem Gläubiger schadenersatzpflichtig. Hat aber der Gläubiger einer bedingten Forderung bereits einen derartigen Ersatzanspruch, so wird man nicht umhin können, diesen auch oder vielmehr erst recht dem Gläubiger einer unbedingten Forderung zuzuerkennen. Der § 160 enthält somit den Grundsatz: der Gläubiger kann von dem Schuldner Schadenersatz verlangen, wenn der Schuldner die Forderung durch sein Verschulden vereitelt oder beeinträchtigt. Das aber ist nichts anderes als der Fundamentalsatz der Lehre von den „positiven Vertragsverletzungen".

Für die Zulässigkeit des Schlusses von der bedingten Forderung auf die unbedingte spricht übrigens auch § 163 BGB. Hier ist bestimmt, daß die Vorschrift des § 160 auf den Fall der befristeten Forderung entsprechende Anwendung finden solle. Das besagt aber, auf den Fall des Anfangstermins angewandt: der Schuldner, der eine befristete Forderung vor dem Eintritt des Termins schuldhaft vereitelt oder beeinträchtigt, ist dem Gläubiger schadenersatzpflichtig. Da nun aber die befristete Forderung im Gegensatz zur bedingten bereits eine „wirkliche" Forderung ist, so ist also der erwähnte Fundamentalsatz der Lehre von den „positiven Vertragsverletzungen" in dem § 163 sogar direkt für „wirkliche" Forderungen zum Ausdruck gekommen.

Die Ausdrücke „schuldhafte Vereitelung" und „schuldhafte Beeinträchtigung" einer Forderung kehren im Forderungsrechte des BGB. zwar nicht mehr wieder. Tatsächlich aber ist das Gesetz auf den Fall „schuldhafter Vereitelung" der Forderung und auf einen Fall „schuldhafter Beeinträchtigung" der Forderung wieder zurückge-

---

[1]) Zuerst erschienen im „Recht" 1908 S. 207 ff. Vgl. das Vorwort.

kommen: in seinen Vorschriften über die vom Schuldner zu vertretende nachträgliche Unmöglichkeit und in seinen Bestimmungen über den Verzug des Schuldners. Die Unmöglichkeit hat das Gesetz in den §§ 280 ff. im allgemeinen geregelt, in dem § 325 hat es die Besonderheiten für den Fall des gegenseitigen Vertrages statuiert. Damit ist der Fall „schuldhafter Vereitelung" einer Forderung — die nichts anderes ist als die Unmöglichkeit — erschöpfend geordnet.

Nicht so die „schuldhafte Beeinträchtigung" einer Forderung durch die Vorschriften über den Verzug, die das Gesetz in den §§ 284 ff. und, in besonderer Berücksichtigung des gegenseitigen Vertrages, in dem § 326 gibt. Denn der Verzug bildet eben nur einen Fall „schuldhafter Beeinträchtigung" einer Forderung, die Beeinträchtigung speziell der fälligen Forderung. Alle übrigen Fälle „schuldhafter Beeinträchtigung" einer Forderung berücksichtigt das Gesetz ausdrücklich nicht mehr. Bezüglich ihrer ist man somit darauf angewiesen, die Vorschriften analog zur Anwendung zu bringen, die das Gesetz an die Hand gibt für den allein von ihm berücksichtigten Fall „schuldhafter Beeinträchtigung", also für den Fall des Verzugs. Da nun aber jene übrigen Fälle „schuldhafter Beeinträchtigung" einer Forderung nichts anderes sind als alle die unter dem Namen „positive Vertragsverletzungen" begriffenen Fälle schuldhafter Forderungsverletzungen, so folgt, daß auf die „positiven Vertragsverletzungen" die Vorschriften über Verzug, also speziell auch die Vorschrift des § 326, analog anzuwenden sind.

Aus dem Gesagten ergibt sich für die schuldhaften Verletzungen eines Forderungsrechtes durch den Schuldner folgendes Schema:

I. Die schuldhafte Vereitelung des Forderungsrechtes, vom Gesetz unter der Bezeichnung „Unmöglichkeit" geregelt.

II. Die schuldhaften Beeinträchtigungen des Forderungsrechtes: a) der Verzug des Schuldners als Beeinträchtigung speziell einer fälligen Forderung, vom Gesetz geregelt; b) die sonstigen Beeinträchtigungen, alle „positiven Vertragsverletzungen" umfassend; vom Gesetze nicht ausdrücklich geregelt, daher nach Analogie der Beeinträchtigung unter a zu behandeln.

Damit dürfte eine wesentliche Klärung und Vereinfachung der Lehre von den „positiven Vertragsverletzungen" erreicht sein.

An anderer Stelle werde ich demnächst nachzuweisen versuchen, daß der § 325 Abs. 1 Satz 2 lediglich den Sonderfall regelt, daß bei vereinbarten Teilleistungen ein Teil der Leistung unmöglich d. h. vereitelt wird, und daß die häufig versuchte Ausdehnung dieser Vorschrift über jenen Spezialfall hinaus zu einem unlösbaren Widerspruch mit dem § 266 BGB. führt.

II.

Vereitlung und Beeinträchtigung von Forderungsrechten[1]).

Ein Beitrag zur Lehre von den positiven Vertragsverletzungen.

I. § 160 Abs. 1 BGB. lautet: „Wer unter einer aufschiebenden Bedingung berechtigt ist, kann im Falle des Eintritts der Bedingung Schadenersatz von dem anderen Teile verlangen, wenn dieser während der Schwebezeit das von der Bedingung abhängige Recht durch sein Verschulden vereitelt oder beeinträchtigt.“

Diese ganz allgemein gegebene Vorschrift bezieht sich zweifellos auch auf aufschiebend bedingte Forderungen. Sie besagt also auch: der Schuldner, der eine aufschiebend bedingte Forderung während der Schwebezeit schuldhaft vereitelt oder beeinträchtigt, macht sich dem Gläubiger schadenersatzpflichtig. Hat aber der Gläubiger einer bedingten Forderung bereits einen derartigen Ersatzanspruch, so wird man nicht umhin können, diesen auch oder vielmehr erst recht dem Gläubiger einer unbedingten Forderung zuzuerkennen.

Zu demselben Resultat leitet § 163 BGB. Hier ist bestimmt, daß die Vorschrift des § 160 auf den Fall der befristeten Forderung entsprechende Anwendung finden soll. Das besagt aber: der Schuldner, der eine befristete Forderung vor dem Eintritt des Termins schuldhaft vereitelt oder beeinträchtigt, ist dem Gläubiger schadenersatzpflichtig. Da nun aber eine befristete Forderung im Gegensatz zur bedingten bereits eine „wirkliche“ Forderung ist, so dürfte damit aus dem Gesetz der einwandfreie Beweis für den Grundsatz erbracht sein: der Gläubiger kann von dem Schuldner Schadenersatz verlangen, wenn

---

Zuerst erschienen im „Recht“ 1913 S. 453 ff. (vgl. das Vorwort) mit folgender Anm. 1:

[1]) Ansätze zu den folgenden Ausführungen habe ich bereits im Jahr 1908 in der vorliegenden Zeitschrift veröffentlicht. (Jahrg. XII S. 207 f.). Sie haben damals eine Entgegnung von Professor Kiß veranlaßt („Recht“ XII S. 277) und auch später noch einige Beachtung gefunden (vgl. Reichsgerichtsrat a. D. Remelé im „Recht“ XVI S. 572 und Staub-Müller: „Die positiven Vertragsverletzungen“, Berlin, Guttentag, 1913 S. 53). Auf dem von mir eingeschlagenen Weg bin ich mittlerweilen zu neuen Resultaten gekommen, die ich hiermit vorlege.

der Schuldner die Forderung durch sein Verschulden vereitelt oder beeinträchtigt.

II. Den Inhalt der Schadenersatzpflicht bestimmen die §§ 249 ff. BGB. Danach ist der Schuldner verpflichtet, den Zustand herzustellen, der bestehen würde, wenn der zum Ersatz verpflichtende Umstand nicht eingetreten wäre (sog. Herstellung). Der Gläubiger kann sich aber durch die mit Androhung verbundene Setzung einer Frist gemäß § 250 das Recht auf Geldersatz unter Ausschluß der Herstellung verschaffen. Dieses Recht hat der Gläubiger ohne weiteres, soweit die Herstellung nicht möglich oder zur Entschädigung nicht genügend ist (§ 251).

Wendet man diese Sätze auf den Fall der schuldhaften Vereitlung eines Forderungsrechtes an, so ergibt sich folgendes:

Der Schuldner: der ein Forderungsrecht schuldhaft vereitelt und sich daher schadenersatzpflichtig gemacht hat, ist nicht mehr in der Lage, den Zustand herzustellen, der bestehen würde, wenn der zum Ersatz verpflichtende Umstand (eben die schuldhafte Vereitlung) nicht eingetreten wäre. Sonst läge keine Vereitlung vor. Im Falle der Vereitlung ist also Herstellung nicht mehr möglich. Der ersatzpflichtige Schuldner hat daher den Gläubiger gemäß § 251 in Geld zu entschädigen.

Somit hat sich aus dem unter I gewonnenen Grundsatz in Verbindung mit den §§ 249 ff. BGB. der Satz ergeben: Der Schuldner, der das Forderungsrecht schuldhaft vereitelt, hat den Gläubiger in Geld zu entschädigen.

Anders liegt die Sache bei der schuldhaften Beeinträchtigung eines Forderungsrechts. Beeinträchtigung ist nicht Vereitlung. Herstellung ist im Fall der Beeinträchtigung daher stets noch möglich. Der Satz, daß Geldersatz einzutreten habe, soweit Herstellung nicht möglich sei, hat also auf dem Gebiete der Beeinträchtigungen keinen Raum. Es ergibt sich demnach folgende Rechtslage:

Der Schuldner, der das Forderungsrecht schuldhaft beeinträchtigt, ist zur Herstellung verpflichtet. Soweit diese zur Entschädigung des Gläubigers nicht genügend ist, tritt Geldersatz ein. Das Recht auf Geldersatz kann der Gläubiger sich durch Fristsetzung gemäß § 250 verschaffen.

III. Der Ausdruck „schuldhafte Vereitlung" und „schuldhafte Beeinträchtigung" einer Forderung kehren im Forderungsrecht des BGB. zwar nicht mehr wieder. Tatsächlich aber ist das Gesetz auf den Fall „schuldhafter Vereitlung" der Forderung und auf einen Fall „schuldhafter Beeinträchtigung" der Forderung wieder zurückgekommen: in seinen Vorschriften über die vom Schuldner zu vertretende nachträgliche Unmöglichkeit und in seinen Bestimmungen über den Verzug des Schuldners.

Daß Unmöglichkeit gleich Vereitlung ist, bedarf keiner weiteren Erörterung. Aber auch, daß Verzug unter den höheren Begriff der Beeinträchtigung fällt, liegt auf der Hand: er ist die Beeinträchtigung einer Forderung mit Bezug auf ihre Fälligkeit.

Die Rechtsfolgen der Unmöglichkeit (Vereitlung) und des Verzugs (Beeinträchtigung) regelt das BGB. allgemein in den §§ 280 und 286, sodann speziell für den Fall des gegenseitigen Vertrags in den §§ 325 und 326. Es erleichtert die Übersicht über die durch diese Normen gegebene Rechtslage, wenn man zunächst die Sonderfälle der teilweisen Unmöglichkeit (§ 280 Abs. 2 und § 325 Abs. 1 Satz 2 und 3) und der nur teilweisen Bewirkung der Leistung innerhalb der im Verzugsfall gesetzten Frist (§ 326 Abs. 1 Satz 3) aus der Betrachtung ausscheidet — sie sollen später gesondert behandelt werden — und den Augenmerk lediglich auf die Normalfälle der §§ 280 Abs. 1, 286, 325 Abs. 1 Satz 1 und 326 Abs. 1 Satz 1 und 2 richtet. Es ergibt sich dann — wenn man zunächst einmal vom Rücktrittsrecht absieht — folgendes:

1. An den Fall der Unmöglichkeit knüpft das BGB. allgemein die Verpflichtung des Schuldners, den durch die Nichterfüllung entstehenden Schaden zu ersetzen (§§ 280 Abs. 1, 325 Abs. 1 Satz 1).

2. Der Verzug hat allgemein die Verpflichtung des Schuldners zur Folge, den durch den Verzug entstehenden Schaden zu ersetzen (§ 286 Abs. 1). Hat die Leistung infolge des Verzugs für den Gläubiger kein Interesse mehr, so kann der Gläubiger Schadenersatz wegen Nichterfüllung verlangen (§§ 286, Abs. 2, 326 Abs. 2). Dasselbe Recht — Schadenersatz wegen Nichterfüllung — kann der Gläubiger beim gegenseitigen Vertrag sich auch durch die mit einer Androhung verbundene Setzung einer Frist gemäß § 326 Abs. 1 verschaffen.

Ein Vergleich dieser durch ausdrückliche Bestimmungen an die Tatbestände Unmöglichkeit und Verzug geknüpften Rechtsfolgen mit den nach den Ausführungen unter Ziff. II an die Tatbestände Vereitlung und Beeinträchtigung zu knüpfenden Rechtsfolgen ergibt einen vollständigen Parallelismus in der Behandlung der Tatbestände Unmöglichkeit — Verzug und Vereitlung — Beeinträchtigung durch das BGB.

„Schadenersatz wegen Nichterfüllung" ist nichts anderes als Schadenersatz in Geld, der eintritt, wenn die Herstellung, die Erfüllung nicht mehr möglich ist. Wenn das Gesetz der Wendung sich bedient, „hat die Leistung infolge des Verzugs für den Gläubiger kein Interesse", so ist das nichts anderes als die allgemeinere Wendung „soweit die Herstellung zur Entschädigung des Gläubigers nicht genügend ist", angewandt auf den Fall des Verzugs. Die Fristsetzung endlich gemäß § 326 Abs. 1 trägt die Merkmale ihrer Herkunft aus § 250 unverkennbar an sich. § 326 Abs. 1 gibt sie zwar nur für den gegenseitigen Vertrag, allein schon aus § 286 Abs. 1 in Verbindung mit §§ 249 und 250 geht hervor, daß sie überhaupt und allgemein zulässig ist.

Mit anderen Worten: Die Normen, die das BGB. in den §§ 280 Abs. 1, 286, 325 Abs. 1 Satz 1 und 326 Abs. 1 Satz 1 und 2 aufstellt, ergeben sich — abgesehen vom Rücktrittsrecht — ohnedies aus dem oben unter Ziff. I entwickelten Grundsatz, daß schuldhafte Vereitlung und Beeinträchtigung einer Forderung Schadenersatzpflicht nach sich zieht und den Normen des BGB. über den Inhalt der Schadenersatzpflicht in den §§ 249 ff.

IV. Unter Ziff. III Abs. 2 ist bereits ausgeführt worden, daß der Verzug unter den Begriff der Beeinträchtigung falle. Er ist aber nicht die einzige Art der Beeinträchtigung. Neben ihm als der Beeinträchtigung speziell der Fälligkeit einer Forderung wird man auch alle anderen nur denkbaren Forderungsverletzungen als Beeinträchtigungen bezeichnen können. Unter den Begriff der „Beeinträchtigung" lassen sich also auch alle jene Forderungsverletzungen streng logisch subsumieren, die man, den Kreis weiter oder enger ziehend, mit dem Sammelnamen der „positiven Vertragsverletzungen" zu bezeichnen pflegt.

Ist das richtig — und ich sehe nicht, was dagegen einzuwenden wäre —, dann steht aber auch fest, welche Rechtsfolgen das BGB. an die „Beeinträchtigung" einer Forderung durch positive Vertragsverletzungen knüpft. Der Schuldner, der sich einer positiven Vertragsverletzung schuldig macht, ist gemäß dem oben unter Ziff. II am Ende gewonnenen Grundsatz zur Herstellung verpflichtet. Soweit diese zur Entschädigung des Gläubigers nicht ausreicht, tritt Geldersatz (Schadenersatz wegen Nichterfüllung) ein. Das Recht auf Geldersatz kann der Gläubiger sich auch durch Fristsetzung gemäß § 250 verschaffen.

V. Das Recht auf Schadenersatz und damit auch — unter gewissen Umständen — das Recht auf Geldersatz (auf Schadenersatz wegen Nichterfüllung) sind als Rechtsfolgen von Beeinträchtigungen durch positive Vertragsverletzungen aus den Bestimmungen des BGB. nunmehr nachgewiesen. Wie verhält es sich bei den genannten Beeinträchtigungen mit dem Rücktrittsrecht des in seinem Forderungsrecht verletzten Gläubigers?

Das BGB. knüpft das Rücktrittsrecht beim gegenseitigen Vertrag als Rechtsfolge an die Tatbestände der schuldhaften Vereitlung (Unmöglichkeit) und der schuldhaften Beeinträchtigung durch Verzug (§§ 325 Abs. 1 Satz 1 und 326 Abs. 1 Satz 2 und Abs. 2). Daß es diese Rechtsfolge an den Tatbestand der Beeinträchtigung allgemein knüpft, ist bisher nicht nachgewiesen. Solange daher dieser Nachweis nicht erbracht ist, wird man andere Beeinträchtigungen als denen durch Verzug die Rechtsfolge des Rücktrittsrechts versagen müssen, sofern man sich im Rahmen des gesetzten Rechtes halten will. Gewährt man das Rücktrittsrecht auch bei anderen Beeinträchtigungen als denen durch Verzug, so hat man den Boden des gesetzten Rechts verlassen: man schafft einen neuen Rechtssatz. Bekanntlich sind Theorie und Praxis längst zu dieser rechtsschöpferischen Tätigkeit übergegangen. In dem oben Entwickelten findet diese Rechtsschöpfung nachträglich eine Stütze: die Folge, die das Recht an die eine Art der Beeinträchtigung knüpft — den Verzug nämlich — wird man leicht geneigt sein, auch beim Vorliegen anderer Beeinträchtigungen eintreten zu lassen, zumal sich das Rücktrittsrecht als das Minus gegenüber dem Recht auf Geldersatz darstellt. Richtiger freilich wäre es, wenn die Gesetzgebung sich dieser ihr zukommenden gesetzgeberischen Tätigkeit annehmen wollte[2]).

VI. Es ist schließlich noch auf die oben (Ziff. III Abs. 3) zunächst ausgeschalteten Sonderfälle der teilweisen Unmöglichkeit (§ 280 Abs. 2 und § 325 Abs. 1 Satz 2 und 3) und der nur teilweisen Bewirkung der Leistung innerhalb der im Verzugsfall gesetzten Frist (§ 326 Abs. 1 Satz 3) einzugehen.

Teilweise Nichtbewirkung der Leistung bis zum Ablauf der Nachfrist (§ 326 Abs. 1 Satz 3) setzt Teilleistung voraus. Gemäß § 266 BGB. ist der Schuldner zu Teilleistungen an sich nicht berechtigt. Er ist es nur, sofern eine Leistung der Natur der Sache nach nicht anders als in Teilen erfolgen kann oder insofern Teilleistungen — wie z. B. beim Sukzessivlieferungsgeschäft — vereinbart sind. Logischerweise ist daher die Bestimmung des § 326 Abs. 1 Satz 3 nur auf diese beiden Fälle zu beziehen.

Dasselbe gilt von den Vorschriften über teilweise Unmöglichkeit (§§ 280 Abs. 2 und 325 Abs. 1 Satz 2 und 3). Der „noch mögliche Teil der Leistung" (§ 280 Abs. 2) und die „teilweise Erfüllung" (§ 325 Abs. 1 Satz 2) kommen nur in den beiden gedachten Fällen in Frage. Eine Ausdehnung der Bestimmungen über diese hinaus führt zu einem unlösbaren Widerspruch mit dem § 266. Sie würde zugleich unvereinbar sein mit dem Begriff der Unmöglichkeit. Eine

---

[2]) Vgl. hierzu die neue Untersuchung Nr. IX dieses Buches: „Die rechtliche Natur des gesetzlichen Rücktrittsrechts" (S. 48 ff.).

Leistung, die weder ihrer Natur nach noch vereinbarungsgemäß in Teilleistungen zu erfolgen hat, sondern in einem einzigen einheitlichen Akte (einheitliche Leistung) ist logisch entweder möglich oder unmöglich. „Teilweise Unmöglichkeit" einer solchen Leistung ist ein Widerspruch in sich. In den Fällen, in denen man bei einer einheitlichen Leistung von teilweiser Unmöglichkeit spricht, handelt es sich vielmehr stets nur um eine Beeinträchtigung der Leistung. Die Subsumierung dieser Fälle unter den Begriff Beeinträchtigung allein ist logisch. Sie klärt die Übersicht über die positiven Vertragsverletzungen und führt zu einer ebenso befriedigenden rechtlichen Behandlung jener Fälle wie die logisch unhaltbare und zu falschen Konstruktionen führende Subsumtion unter den Begriff Unmöglichkeit [3]).

---

[3]) Vgl. hierzu Anm. 6 des unten unter Z. VI abgedruckten Aufsatzes: „Die Haftung des Verkäufers für die Fehler der Sache."

III.

Schadenersatz wegen Nichterfüllung[1]).

I. Wer zum Schadenersatze verpflichtet ist, hat gemäß § 249 BGB. den Zustand herzustellen, der bestehen würde, wenn der zum Ersatz verpflichtende Umstand nicht eingetreten wäre.

An Stelle der Herstellung tritt Ersatz in Geld

1. wenn die Herstellung nicht rechtzeitig erfolgt (§ 250 BGB.),
2. soweit die Herstellung nicht möglich ist (§ 251 BGB.),
3. soweit die Herstellung zur Entschädigung des Gläubigers nicht genügend ist (§ 251 BGB.).

Schadenersatzleistung ist also in zweifacher Form möglich: durch Herstellung und durch Entschädigung in Geld.

Das Ziel ist auch beim Ersatz in Geld der Zustand, der bestehen würde, wenn der zum Ersatz verpflichtende Umstand nicht eingetreten wäre.

II. Der § 160 Abs. 1 BGB. und ebenso der § 163 BGB. enthält den Grundsatz: der Gläubiger kann von dem Schuldner Schadenersatz verlangen, wenn der Schuldner durch sein Verschulden die Forderung vereitelt[2]).

Aus diesem Grundsatz und den unter I dargelegten Regeln des BGB. über den Inhalt der Schadenersatzpflicht ergibt sich mit logischer Präzision — wenn die Forderung vereitelt ist, ist die Herstellung nicht mehr möglich — der Satz:

> der Schuldner, der die Forderung schuldhaft vereitelt, hat den Gläubiger in Geld zu entschädigen.

Der Satz besagt nichts anderes als die Regel der §§ 280 Abs. 1 und 325 Abs. 1 Satz 1:

> der Schuldner, der die ihm obliegende Leistung schuldhaft unmöglich macht, ist zum Schadenersatz wegen Nichterfüllung verpflichtet.

Vereitelung ist gleich Unmöglichmachung. Schadenersatz wegen Nichterfüllung aber kann nur gleichbedeutend mit Gelderersatz sein.

---

[1]) Zuerst erschienen im „Recht“ 1914 S. 384 ff. Vgl. das Vorwort.

[2]) Vgl. hierzu wie zu der ganzen Abhandlung meinen Aufsatz: „Vereitlung und Beeinträchtigung von Forderungsrechten“ im „Recht“ 1913 S. 453 ff. Abgedruckt vorstehend unter Z. II.

III. Die §§ 160 Abs. 1 und 163 BGB. enthalten auch den Grundsatz: der Gläubiger kann von dem Schuldner Schadenersatz verlangen, wenn der Schuldner die Forderung durch sein Verschulden beeinträchtigt.

Im Falle bloßer Beeinträchtigung (im Gegensatz zur Vereitlung) ist die Herstellung noch möglich. Es ergibt sich also gemäß dem unter Ziffer I Gesagten der Satz:

der Schuldner, der das Forderungsrecht schuldhaft beeinträchtigt, ist zur Herstellung verpflichtet. Geldersatz tritt ein

a) wenn die Herstellung nicht rechtzeitig erfolgt (§ 250 BGB.),
b) soweit sie zur Entschädigung des Gläubigers nicht genügend ist (§ 251 BGB.).

Die §§ 286 und 326 Abs. 1 Satz 1 und 2 und Abs. 2 enthalten die Regel:

der Schuldner, der in Verzug ist, hat den durch den Verzug entstehenden Schaden zu ersetzen. Er ist zum Schadenersatz wegen Nichterfüllung verpflichtet

a) wenn er eine ihm vom Gläubiger gesetzte Frist zur Bewirkung der Leistung hat verstreichen lassen (§ 326 Abs. 1),
b) wenn die Erfüllung des Vertrages infolge des Verzugs für den Gläubiger kein Interesse mehr hat (§§ 286 Abs. 2, 326 Abs. 2).

Die Übereinstimmung der beiden Sätze ist auch hier evident: Verzug fällt als die Beeinträchtigung einer Forderung mit Bezug auf ihre Fälligkeit unter den höheren Begriff der Beeinträchtigung. Die Voraussetzungen des Schadenersatzes wegen Nichterfüllung sind hier dieselben wie dort die Voraussetzungen des Geldersatzes. Die Fristsetzung gemäß § 326 Abs. 1 trägt die Merkmale ihrer Herkunft aus § 250 unverkennbar an sich. Die Wendung „hat die Erfüllung des Vertrags infolge des Verzugs für den Gläubiger kein Interesse" ist nichts anderes als die allgemeinere Wendung „soweit die Herstellung zur Entschädigung des Gläubigers nicht genügend ist", zugeschnitten auf den Fall des Verzugs. Wobei zugleich erhellt, daß jenes Interesse ein objektives Interesse sein muß.

Sonach ergibt sich auch hier, daß Schadenersatz wegen Nichterfüllung nichts anderes bedeutet als Geldersatz im Gegensatz zur Herstellung.

IV. Der Satz, daß Schadenersatz wegen Nichterfüllung nichts anderes ist als Geldersatz im Gegensatz zur Herstellung, gilt nach dem Gesagten auch für das Gebiet des gegenseitigen Vertrags. Daß diese

Begriffsbestimmung auch hier völlig ausreicht, sei noch an zwei viel erörterten praktischen Fällen nachgewiesen:

1. A hat seinen Schimmel gegen den Rappen des B vertauscht und bewirkt durch Nachlässigkeit beim Transport den Tod des von ihm zu leistenden Tieres. B verlangt Schadenersatz wegen Nichterfüllung.

Nach den Regeln des Tauschvertrages (§§ 515, 433 BGB.) war A verpflichtet:

1. den Schimmel zu liefern,
2. den Rappen abzunehmen.

B war verpflichtet:

1. den Schimmel abzunehmen,
2. den Rappen zu liefern.

Die Lieferung des Schimmels ist unmöglich geworden. Insoweit (vgl. § 251 BGB. „soweit") hat A den B also in Geld zu entschädigen.

Die Pflicht des A, den Rappen abzunehmen, besteht nach wie vor.

Die Pflicht des B, den Schimmel abzunehmen, kommt nicht mehr in Frage.

Die Pflicht des B, den Rappen zu liefern, entfällt, da A seinen Anspruch auf die Gegenleistung verloren hat (§ 323 BGB.)[3]).

Mithin ist A zwar nach wie vor verpflichtet, den Rappen abzunehmen, B aber nicht mehr verpflichtet, den Rappen zu liefern.

Je nachdem B auf der Abnahme des Rappen besteht oder nicht, wird sich der von A zu leistende Geldersatz verschieden bemessen.

Muß A den Rappen nehmen, so besteht der Geldersatz in dem Wert des Schimmels.

Verlangt B nicht die Abnahme des Rappens, so besteht der Geldersatz in der Differenz der Werte von Schimmel und Rappen.

Maßgebend ist, daß B in die Lage versetzt wird, in der er sich befinden würde, wenn der zum Ersatz verpflichtende Umstand — der Untergang des Schimmels — nicht eingetreten wäre.

2. Ein Haus in Hamburg hatte bei einem anderen Hause eine große Petroleumbestellung gemacht. Es erklärte später, obschon ein rechtmäßiger Rücktrittsgrund nicht vorhanden war, seinen Rücktritt vom Vertrage. Der Verkäufer bestand dagegen auf Übernahme des verkauften Petroleums durch den Käufer und verlangte die Bereit-

---

[3]) Gemäß § 323 Abs. 1 S. 1 BGB. verliert ein Teil den Anspruch auf die Gegenleistung schon dann, wenn die ihm obliegende Leistung infolge eines Umstandes unmöglich wird, den weder er noch der andere Teil zu vertreten hat. Er wird den Anspruch auf die Gegenleistung also sicherlich dann nicht behalten, wenn er die Unmöglichkeit der ihm obliegenden Leistung zu vertreten hat.

stellung der zur Ablieferung des Petroleums erforderlichen Zisternen und Zahlung des Kaufpreises. Als der Besteller beides verweigerte, schritt der Verkäufer zur Fristsetzung nach § 326 BGB. und klagte, als sich die Haltung des Käufers bis zum Ablauf der Frist nicht geändert hatte, als Schadenersatz wegen Nichterfüllung die Differenz zwischen dem vereinbarten Kaufpreis und dem Marktpreis des Petroleums zur Zeit und am Orte der geschuldeten Leistung ein (der sog. vom Reichsgericht [Bd. 50 S. 202 ff.] entschiedene Petroleumfall, zitiert nach dem Vortrage Strohals auf dem 27. Deutschen Juristentag [Verhandlungen Bd. IV S. 131]).

Auch die Entscheidung dieses Falles gestaltet sich nach dem oben Dargelegten sehr einfach. Gemäß § 250 BGB. ist die Herstellung, d. h. hier die Erfüllung durch den Käufer, weil sie nicht rechtzeitig erfolgte, ausgeschlossen. Selbst der Verkäufer kann sie nicht mehr fordern, geschweige denn der Käufer. Der Verkäufer ist vielmehr durch Geld in die Lage zu versetzen, in der er sich befinden würde, falls der zum Ersatz verpflichtende Umstand nicht eingetreten wäre. In diesem Falle hätte aber der Verkäufer den vereinbarten Kaufpreis erhalten, ohne zuvor mehr als den Marktpreis ausgegeben zu haben. Die Differenz zwischen Kaufpreis und Marktpreis, um die er geschädigt ist, ist ihm daher zuzubilligen.

Wie die beiden angeführten, so lassen sich alle anderen Fälle des „Schadenersatzes wegen Nichterfüllung" lösen, ohne daß man die Gleichsetzung von Schadenersatz wegen Nichterfüllung mit Geldersatz aufzugeben oder auch nur zu modifizieren brauchte, wenn man nur daran festhält, daß hier wie bei der Herstellung das Ziel der Zustand ist, der bestehen würde, wenn der zum Ersatz verpflichtende Umstand nicht eingetreten wäre. Das Problem „Schadenersatz wegen Nichterfüllung bei gegenseitigen Verträgen" ist also gar kein besonderes Problem.

IV.

Zur Haftung des Unternehmers für die Mängel des Werkes[1]).

I. Der Unternehmer ist verpflichtet, das Werk so herzustellen, daß es 1. die zugesicherten Eigenschaften hat, 2. nicht mit Fehlern behaftet ist, die den Wert oder die Tauglichkeit zu dem gewöhnlichen oder dem nach dem Vertrage vorausgesetzten Gebrauch aufheben oder mindern, § 633 Abs. 1 BGB. Der Pflicht des Unternehmers zur mangelfreien Herstellung entspricht das Recht des Bestellers auf mangelfreie Herstellung. Der Berechtigte kann von dem Verpflichteten Schadenersatz verlangen, wenn dieser sein Recht schuldhaft beeinträchtigt, § 160 Abs. 1 BGB.[2]). Beeinträchtigt also der Unternehmer durch sein Verschulden das Recht des Bestellers auf mangelfreie Herstellung, so kann der Besteller von dem Unternehmer Schadenersatz verlangen. Den Inhalt der Schadenersatzpflicht bestimmen die §§ 249 ff. BGB. Danach ist der Schuldner verpflichtet, den Zustand herzustellen, der bestehen würde, wenn der zum Ersatz verpflichtende Umstand nicht eingetreten wäre. An Stelle der Herstellung tritt Ersatz in Geld: 1. wenn die Herstellung nicht rechtzeitig erfolgt (§ 250 BGB.), 2. soweit die Herstellung nicht möglich ist (§ 251 BGB.), 3. soweit die Herstellung zur Entschädigung des Gläubigers nicht genügend ist (§ 251 BGB.).

Es ergibt sich also für die Rechte des Bestellers gegenüber dem Unternehmer, der sein Recht auf mangelfreie Herstellung schuldhaft beeinträchtigt, folgendes Schema: a) Der Besteller kann Herstellung des Zustandes verlangen, der bestehen würde, wenn der zum Ersatz verpflichtende Umstand nicht eingetreten wäre. b) Der Besteller kann Ersatz in Geld verlangen: 1. wenn die Herstellung nicht rechtzeitig erfolgt (§ 250 BGB.); 2. soweit die Herstellung nicht möglich ist (§ 251 BGB.); 3. soweit die Herstellung zur Entschädigung des Gläubigers nicht genügend ist (§ 251 BGB.).

---

[1]) Zuerst erschienen im „Recht" 1916 S. 100 ff. Vgl. das Vorwort.

[2]) Vgl. hierzu wie zu der ganzen Abhandlung meinen Aufsatz „Vereitlung und Beeinträchtigung von Forderungsrechten" im „Recht" 1913 S. 453 ff. (abgedruckt oben Z. II). Ausdrücklich zustimmend übrigens Düringer-Hachenburg HGB. Bd. 2 Kap. XI, Anm. 382 Abs. I (zweite Auflage).

II. Das Werkvertragsrecht des BGB. kennt eine „schuldhafte Beeinträchtigung des Rechts des Bestellers auf mangelfreie Herstellung des Werks" dem Namen nach nicht. Es statuiert aber im § 635 besondere Rechtsfolgen für den Fall, daß der „Mangel des Werks auf einem Umstande beruht, den der Unternehmer zu vertreten hat". Und zwar gibt es für diesen Fall dem Besteller die Befugnis, statt der Wandelung oder der Minderung Schadenersatz wegen Nichterfüllung zu verlangen. Damit ist auf die §§ 633 Abs. 2 und 3 und 634 verwiesen, und es ergibt sich für die Rechte des Bestellers folgendes Schema: a) Der Besteller kann die Beseitigung des Mangels verlangen, BGB. § 633 Abs. 2 S. 1; b) der Besteller kann Schadenersatz wegen Nichterfüllung verlangen: 1. wenn die Beseitigung des Mangels nicht rechtzeitig erfolgt, BGB. § 634 Abs. 1 S. 1 und S. 3; 2. wenn die Beseitigung des Mangels unmöglich ist oder von dem Unternehmer verweigert wird, § 634 Abs. 2, erste Eventualität des Nebensatzes; 3. wenn die sofortige Geltendmachung des Anspruchs auf Schadenersatz wegen Nichterfüllung durch ein besonderes Interesse des Bestellers gerechtfertigt wird, § 634 Abs. 2, zweite Eventualität des Nebensatzes.

III. Ein Vergleich der vom Gesetz an den Tatbestand des § 635 geknüpften Rechtsfolgen (oben Ziffer II) mit den nach den Ausführungen unter Ziffer I an den Tatbestand der schuldhaften Beeinträchtigung des Rechts auf mangelfreie Herstellung zu knüpfenden Rechtsfolgen ergibt einen vollständigen Parallelismus in der Behandlung beider Tatbestände: a) Herstellung des Zustandes, der bestehen würde, wenn der zum Ersatz verpflichtende Umstand nicht eingetreten wäre, und Beseitigung des Mangels sind identisch. Wird der Mangel beseitigt, so ist jener Zustand hergestellt. b) Übereinstimmung zeigt sich auch weiterhin: 1. Die Fristsetzung gemäß § 634 Abs. 1 S. 1 und S. 3 trägt die Merkmale ihrer Herkunft aus § 250 unverkennbar an sich. 2. Die Wendung des § 634 Abs. 2, „wenn die Beseitigung des Mangels unmöglich ist", besagt dasselbe wie die Wendung des § 251 „soweit die Herstellung nicht möglich ist"[3]). 3. Daß endlich die Wendung des § 634 Abs. 2, „wenn die sofortige Geltendmachung des Anspruchs auf Schadenersatz wegen Nichterfüllung durch ein besonderes Interesse des Bestellers gerechtfertigt wird", gleichbedeutend ist mit der Wendung des § 251, „soweit die

[3]) Der Unmöglichkeit der Beseitigung des Mangels wird in § 634 Abs. 2 die Verweigerung der Beseitigung des Mangels durch den Unternehmer gleichgestellt. Aus dieser Gleichstellung läßt sich entnehmen, daß der Fall der Erfüllungsweigerung (vgl. RG. 57 S. 113) dieselbe Behandlung erheischt, wie der Fall der Unmöglichkeit der Erfüllung.

Herstellung zur Entschädigung des Gläubigers nicht genügend ist", erhellt bei schärferem Zusehen[4]). Zugleich wird deutlich, daß Schadenersatz wegen Nichterfüllung nichts anderes bedeutet als Geldersatz im Gegensatz zur Herstellung, ein Satz, dessen allgemeine Geltung ich schon an anderer Stelle nachgewiesen habe[5]).

IV. Es liegt nahe, aus der so gefundenen Übereinstimmung der Rechtsfolgen auf eine Übereinstimmung auch der Tatbestände zu schließen, an die jene Rechtsfolgen sich knüpfen. Eine genaue Vergleichung der Tatbestände ergibt, daß der Schluß im vorliegenden Falle berechtigt ist: wo immer „der Mangel des Werks auf einem Umstande beruht, den der Unternehmer zu vertreten hat" (BGB. § 635), liegt eine schuldhafte Beeinträchtigung des Rechts auf mangelfreie Herstellung des Werks durch den Unternehmer vor.

An anderer Stelle habe ich nachgewiesen, daß sich unter den Begriff der „Beeinträchtigung" (im Gegensatz zur Vereitlung) neben dem Verzug als Beeinträchtigung speziell der Fälligkeit einer Forderung alle anderen nur denkbaren Forderungsverletzungen subsumieren lassen, mithin auf alle die Forderungsverletzungen, die man mit dem Sammelnamen der „positiven Vertragsverletzungen" zu bezeichnen pflegt[6]). Ist das richtig — und es ist m. W. bisher nichts dagegen vorgebracht worden —, dann steht fest, daß in dem § 635 BGB. eine positive Vertragsverletzung ihre Regelung gefunden hat und zwar unter Anwendung von Rechtssätzen, die sich aus dem allgemeinen Teil des BGB. (vgl. oben Ziffer I) ohnehin ergeben.

Mit dieser Erkenntnis tritt zugleich der Wesensunterschied zwischen dem Tatbestand des § 635 und dem Tatbestand des § 633 Abs. 2 hervor, an den das Werkvertragsrecht als Rechtsfolge letzten Endes das Recht des Bestellers auf Wandelung und Minderung geknüpft hat. Während dort zur Erfüllung des Tatbestandes eine schuldhafte Handlung (Pflichtverletzung) des Unternehmers gefordert wird, bedarf es hier lediglich eines Mangels ohne jede Beziehung zu dem Verhalten des Bestellers („Ist das Werk nicht von dieser Beschaffenheit").

---

[4]) Die Vollkommenheit des Parallelismus zeigt weiter ein Vergleich des § 633 Abs. 2 S. 2 mit § 251 Abs. 2.

[5]) Vgl. meinen Aufsatz „Schadenersatz wegen Nichterfüllung" im „Recht" 1914 S. 384 ff. (Abgedruckt oben Z. III.)

[6]) Vgl. Z. IV meines in Anm. 2 angeführten Aufsatzes.

V.

Die Haftung des Vermieters für die Fehler der Mietsache.

Ein Beitrag zur Systematik des Schuldrechts[1]).

I. Der Vermieter hat die vermietete Sache dem Mieter in einem zu dem vertragsmäßigen Gebrauche geeigneten Zustand zu überlassen und sie während der Mietzeit in diesem Zustande zu erhalten (§ 536 BGB.). Der Pflicht des Vermieters entspricht das Recht des Mieters. Dieser hat also das Recht auf Überlassung und Erhaltung der Sache in einem zu dem vertragsmäßigen Gebrauche geeigneten Zustande. Der Berechtigte kann von dem Verpflichteten Schadenersatz verlangen, wenn dieser sein Recht schuldhaft vereitelt oder beeinträchtigt (§ 160 Abs. 1 BGB.)[2]). Somit ergibt sich der Rechtssatz: Vereitelt oder beeinträchtigt der Vermieter schuldhaft das Recht des Mieters auf Überlassung und Erhaltung der Sache in einem zu dem vertragsmäßigen Gebrauche geeigneten Zustand, so kann der Mieter Schadenersatz verlangen.

II. Die vermietete Sache befindet sich „in einem zu dem vertragsmäßigen Gebrauche geeigneten Zustande" (§ 536 BGB.), wenn sie die „Tauglichkeit zu dem vertragsmäßigen Gebrauch" besitzt (§ 537 BGB.). Entfällt diese Tauglichkeit oder jener Zustand, so spricht man von einem „Fehler" der vermieteten Sache[3]). Das Gesetz unterscheidet zwischen dem Fehler, der die Tauglichkeit der Sache zu dem

---

[1]) Zuerst erschienen in der „Leipziger Zeitschrift für Deutsches Recht" 1917 S. 947 ff. Vgl. das Vorwort.

[2]) Der § 160 BGB. erkennt den Ersatzanspruch zwar nur dem Gläubiger einer bedingten Forderung zu. Hat aber dieser bereits den Anspruch, so wird man nicht umhin können, ihn auch oder vielmehr erst recht dem Gläubiger einer unbedingten Forderung zuzuerkennen. (Dazu wie zu der ganzen Abhandlung meinen Aufsatz: „Vereitlung und Beeinträchtigung von Forderungsrechten" im „Recht" 1913, 453 ff. [abgedruckt oben Z. 1 ff.]. Ausdrücklich zustimmend Düringer-Hachenburg, HGB. 2. Aufl. Bd. 2 Kap. XI, Anm. 382 Abs. 1.)

[3]) Der Begriff „Mangel" (§ 538 BGB.) umfaßt a) die „Fehler" der Sache (§ 537 Abs. 1), b) das Fehlen oder Wegfallen einer zugesicherten Eigenschaft (§ 537 Abs. 2). Hier ist lediglich von den „Fehlern" die Rede. Der Fall der zugesicherten Eigenschaft scheidet aus. Er bedarf wegen der Besonderheit des Rechtsgrundes der Zusicherung einer besonderen Untersuchung.

vertragsmäßigen Gebrauch aufhebt, und demjenigen, der jene Tauglichkeit nur mindert (§ 537 BGB.). Sowohl der gebrauchsaufhebende wie der nur gebrauchsmindernde Fehler kann reparabel oder irreparabel sein, je nachdem der frühere Zustand wiederhergestellt werden kann oder nicht. Ist der gebrauchsaufhebende oder -mindernde Fehler zugleich irreparabel, so ist die volle Tauglichkeit der Sache zu dem vertragsmäßigen Gebrauche unwiederbringlich dahin. Die Entstehung eines irreparablen gebrauchsaufhebenden oder -mindernden Fehlers der vermieteten Sache bedeutet also eine Vereitlung des Mieterrechts auf Überlassung und Erhaltung der Sache in einem zu dem vertragsmäßigen Gebrauch geeigneten Zustande. Beeinträchtigung dieses Mieterrechts dagegen ist die Entstehung eines reparabelen (gebrauchsaufhebenden oder -mindernden) Fehlers. Der Tatbestand des Rechtssatzes unter Nr. I läßt sich also auch formulieren als schuldhafte Verursachung eines irreparabelen (gebrauchsaufhebenden oder -mindernden) Fehlers (Vereitlung) oder eines reparabelen (gebrauchsaufhebenden oder -mindernden) Fehlers (Beeinträchtigung).

III. An diesen Tatbestand ist als Rechtsfolge die Befugnis des Mieters geknüpft, Schadenersatz zu verlangen. Den Inhalt der Schadenersatzpflicht bestimmen die §§ 249 ff. BGB. Danach ist der Schuldner verpflichtet, den Zustand herzustellen, der bestehen würde, wenn der zum Ersatz verpflichtende Umstand nicht eingetreten wäre (sog. Herstellung). Der Gläubiger kann sich aber durch die mit Androhung verbundene Setzung einer Frist gemäß § 250 BGB. das Recht auf Geldersatz unter Ausschluß der Herstellung verschaffen. Der Schuldner hat den Gläubiger in Geld zu entschädigen, soweit die Herstellung nicht möglich oder zur Entschädigung nicht genügend ist (§ 251). Der Gläubiger kann statt der Herstellung den dazu erforderlichen Geldbetrag verlangen, wenn wegen Beschädigung einer Sache Schadenersatz zu leisten ist (§ 249 Satz 2). Wendet man diese Bestimmungen auf den Tatbestand unter Nr. II (am Ende) an, so ergibt sich folgendes: Soweit ein irreparabler (gebrauchsaufhebender oder -mindernder) Fehler schuldhaft verursacht ist (Fall der Vereitlung), ist Herstellung unmöglich. Insoweit hat der Vermieter also den Mieter in Geld zu entschädigen. Anders liegt die Sache bei der Verursachung eines reparablen Fehlers, sei dieser nun gebrauchsaufhebend oder gebrauchsmindernd (Fall der Beeinträchtigung). Hier ist Herstellung möglich. Es ist daher

a) der Vermieter verpflichtet, den Zustand herzustellen, der bestehen würde, wenn der zum Ersatz verpflichtende Umstand nicht eingetreten wäre. Da es sich aber stets um die Beschädigung einer Sache handelt, kann

b) der Mieter in diesen beiden Fällen statt der Herstellung den dazu erforderlichen Geldbetrag verlangen.

IV. Das Mietrecht des BGB. statuiert im § 538 (Abs. 1, zweite Eventualität) besondere Rechtsfolgen für den Fall, daß „ein Fehler der im § 537 bez. Art später infolge eines Umstandes entsteht, den der Vermieter zu vertreten hat". „Später" bedeutet, wie der Zusammenhang des § 538 ergibt, nach Abschluß des Vertrages. „Ein Fehler der im § 537 bezeichneten Art" ist ein Fehler, der die Tauglichkeit der Sache zu dem vertragsmäßigen Gebrauch aufhebt oder mindert. An den so fixierten Tatbestand knüpft das Gesetz als Rechtsfolge die Befugnis des Mieters, „statt die im § 537 bestimmten Rechte geltend zu machen, Schadenersatz wegen Nichterfüllung zu verlangen". Nach § 537 ist der Mieter für die Zeit, während deren die Tauglichkeit der Sache zu dem vertragsmäßigen Gebrauch infolge eines Fehlers aufgehoben ist, von der Entrichtung des Mietzinses befreit, für die Zeit, während deren die Tauglichkeit gemindert ist, nur zur Entrichtung eines nach den §§ 472, 473 zu bemessenden Teiles des Mietzinses verpflichtet. Diese Rechte auf Befreiung von der Entrichtung des Mietzinses bzw. auf Minderung des Mietzinses stehen also dem Mieter auch dann zu, wenn ein Fehler nach Abschluß des Vertrags infolge eines Umstandes entsteht, den der Vermieter zu vertreten hat. Der Mieter kann aber in diesem Falle statt dessen auch Schadenersatz wegen Nichterfüllung verlangen.

Damit sind die Rechtsbehelfe des Mieters aber noch nicht erschöpft. Nach § 538 kann der Mieter von der Befugnis, Schadenersatz wegen Nichterfüllung zu verlangen, auch dann Gebrauch machen, wenn „der Vermieter mit der Beseitigung eines Fehlers in Verzug kommt". Verzug mit der Beseitigung des Fehlers setzt Verpflichtung zur Beseitigung auf seiten des Vermieters und entsprechend das Recht des Mieters voraus, diese Beseitigung zu verlangen. Dieses an keine weiteren Voraussetzungen geknüpfte Recht des Mieters auf Beseitigung des Fehlers stellt demnach einen weiteren Rechtsbehelf des Mieters dar. Sieht man also von dem Befreiungs- bzw. Minderungsrecht zunächst einmal ab — es soll unten einer gesonderten Betrachtung unterzogen werden —, so ergibt sich für die Rechte des Mieters gegenüber dem Vermieter, der die Entstehung eines die Tauglichkeit der Sache aufhebenden oder mindernden Fehlers nach Abschluß des Vertrags zu vertreten hat, folgendes Schema:

a) der Mieter kann die Beseitigung des Fehlers verlangen,

b) der Mieter kann statt der Befreiung und Minderung des § 537 und also auch statt der ihnen koordinierten Beseitigung des Fehlers Schadenersatz wegen Nichterfüllung verlangen.

V. Der Vermieter, der die Entstehung eines die Tauglichkeit der Sache aufhebenden oder mindernden Fehlers nach Abschluß des Vertrags zu vertreten hat, hat den Fehler schuldhaft verursacht. Der unter Nr. IV erörterte Tatbestand der zweiten Eventualität des § 538 Abs. 1 deckt sich also mit dem Tatbestand der schuldhaften Verursachung eines Fehlers der Mietsache, wie er oben unter Nr. II formuliert worden ist. Es liegt nahe, aus der so aufgedeckten Übereinstimmung der Tatbestände auf eine Übereinstimmung auch der Rechtsfolgen zu schließen, die nach den Ausführungen unter Nr. III und nach den positiven Vorschriften des Gesetzes (oben Nr. IV) an jene Tatbestände zu knüpfen sind. Ein Vergleich dieser Rechtsfolgen ergibt, daß jener Schluß berechtigt ist:

1. Herstellung des Zustandes, der bestehen würde, wenn der zum Ersatz verpflichtende Umstand nicht eingetreten wäre, und Beseitigung des Fehlers sind identisch. Wird der Fehler beseitigt, so ist jener Zustand da.

2. Übereinstimmung zeigt sich auch weiterhin, insofern deutlich wird, daß Schadenersatz wegen Nichterfüllung nichts anderes bedeutet als Geldersatz im Gegensatz zur Herstellung, ein Satz, dessen Geltung ich schon an andrer Stelle nachgewiesen habe [4]).

VI. Es bleiben noch die oben (Nr. IV) vorläufig ausgeschiedenen Rechtsbehelfe des § 537 (Befreiung von der Entrichtung des Mietzinses bzw. Minderung des Mietzinses) für die Erörterung übrig. Sie sind, wie sich aus den Ausführungen unter Nr. IV ergibt, keine spezifischen Folgen des bisher behandelten Tatbestands der schuldhaften Verursachung eines Fehlers der Mietsache. Das Gesetz knüpft sie vielmehr im § 537 als Rechtsfolgen an das bloße Vorhandensein eines Fehlers ohne jede Beziehung zu dem Verhalten des Mieters („Ist die vermietete Sache zur Zeit der Überlassung an den Mieter mit einem Fehler behaftet oder entsteht im Laufe der Miete ein solcher Fehler"). Daß es sie im § 538 dem Mieter auch dann gewährt, wenn jener Fehler vom Vermieter schuldhaft verursacht ist, ist lediglich folgerecht. Die fernere Untersuchung wird sich also auf den Tatbestand des bloßen Auftretens eines Fehlers, unabhängig vom Verhalten des Vermieters, zu beschränken haben.

Ist ein solcher Fehler irreparabel, so liegt nach den früheren Ausführungen (oben Nr. II) eine Vereitlung, in allen anderen Fällen

---

[4]) Siehe meinen Aufsatz: „Schadenersatz wegen Nichterfüllung" im „Recht" 1914, 384 ff. (Abgedruckt oben Z. III.)

eine Beeinträchtigung des Mieterrechts auf Überlassung und Erhaltung der Sache in einem zu dem vertragsmäßigen Gebrauch geeigneten Zustand vor. Die Ausdrücke „Vereitlung" und „Beeinträchtigung" eines Forderungsrechts kehren im Schuldrecht des BGB. zwar nicht wieder. Tatsächlich aber ist das Gesetz auf den Fall der Vereitlung der Forderung, unabhängig vom Verhalten des Verpflichteten, zurückgekommen: in seinen Vorschriften über die von keinem Teile zu vertretende nachträglich eintretende Unmöglichkeit der Leistung (§ 323 BGB.). Daß die dort behandelte Unmöglichkeit der Leistung mit dem Fall der Vereitlung des Forderungsrechts identisch ist, bedarf keiner weiteren Erörterung. Problematisch ist nur, was unter dem Ausdruck „teilweise Unmöglichkeit" zu verstehen ist. Von teilweiser Unmöglichkeit kann nur bei einer Leistung gesprochen werden, die entweder ihrer Natur nach oder vereinbarungsgemäß in Teilleistungen zu erfolgen hat. Eine in einem einzigen einheitlichen Akte bestehende Leistung (einheitliche Leistung) ist logisch entweder möglich oder unmöglich[5]). Die Leistung des Vermieters, um die es sich hier handelt — Überlassung und Erhaltung der Sache in gebrauchsgeeignetem Zustande — ist eine fortgesetzte oder Dauerleistung und erfolgt daher naturgemäß in Teilen. Sie wird unmöglich, wenn der irreparable Fehler schon zur Zeit der Überlassung der Sache vorhanden ist (Total-Vereitlung). Sie wird teilweise unmöglich, wenn jener Fehler erst im Laufe der Mietzeit eintritt (partielle Vereitlung). Wie sich aus § 323 Abs. 1 BGB. ergibt, verliert im Falle der Total-Vereitlung der Vermieter den Anspruch auf den ganzen Mietzins, im Falle der partiellen Vereitlung tritt eine Minderung des Mietzinses gemäß § 472 ein, d. h. der Verlust des Mietzinsanspruches vom Eintritt des Fehlers an. Die Übereinstimmung der sich so ergebenden Beordnung mit der Regelung, die der Fall in § 537 BGB. gefunden hat, liegt auf der Hand. Zu einer Regelung des Falles der bloßen Beeinträchtigungen — vom Verhalten des Vermieters unabhängige Entstehung eines reparablen (gebrauchsaufhebenden oder gebrauchsmindernden) Fehlers — bietet der § 323 Abs. 1 keine direkte Handhabe. Eine analoge Anwendung der Regeln des § 323 Abs. 1 über teilweise Unmöglichkeit ergibt aber auch hier eine sich mit der Regelung des § 537 deckende Beordnung.

VII. Sowohl das Recht auf Befreiung von der Entrichtung des Mietzinses bzw. auf Minderung des Mietzinses, die das Gesetz an die Entstehung eines Fehlers der vermieteten Sache unabhängig vom

---

[5]) Die nähere Begründung habe ich unter Nr. VI meines in Anm. 2 erwähnten Aufsatzes gegeben.

Verhalten des Vermieters knüpft, wie das Recht auf Geldersatz (Schadenersatz wegen Nichterfüllung), das im Gesetz als spezifische Rechtsfolge der schuldhaften Verursachung eines Fehlers der Sache durch den Vermieter (§ 358 Abs. 1, zweite Eventualität) auftritt, enthält — das ist das Ergebnis der Untersuchung — kein Miete-Sonderrecht. Die beiden Rechtsbehelfe ergeben sich vielmehr aus einer Anwendung allgemeiner Schuldrechtssätze (der Regel des § 323 und der Normen der §§ 160 Abs. 1 und 249 ff.) auf den Mietvertrag. Damit ist das Prinzip aufgedeckt, das bei der Entstehung jener scheinbaren Mietesonderrechtsnormen, wenn auch latent und dem Gesetzgeber unbewußt, am Werke gewesen ist. Die Folgen für die Erkenntnis des Wesens jener Rechtsbehelfe, ihrer Tragweite und ihres Verhältnisses zu anderen Rechtsbehelfen sind handgreiflich.

Läßt sich der entsprechende Nachweis für die Rechtsbehelfe des Käufers, des Bestellers usw. erbringen — er soll an anderer Stelle versucht werden [6]) —, so dürften damit die Grundlinien eines Weges gewonnen sein, der bei einer künftigen Reform des Gesetzes zu einer wesentlichen Vereinfachung des Schuldrechtssystems führen kann [7]).

---

[6]) Für den Werkvertrag verweise ich auf meine Ausführungen im „Recht" 1916, 100 ff.: „Zur Haftung des Unternehmers für die Mängel des Werks", die sich allerdings auf den Fall der *schuldhaften* Verursachung eines Fehlers beschränken. (*Abgedruckt oben Z. IV.*)

[7]) Das Recht auf Beseitigung des Fehlers der Mietsache läßt sich aus allgemeinen Schuldrechtssätzen nur als Folge der schuldhaften Verursachung eines Fehlers durch den Vermieter konstruieren. Davon unterschieden ist das Recht auf Beseitigung als Folge des Mieterrechts auf Erhaltung der Sache in gebrauchsgeeignetem Zustand, ein Mietesonderrecht, das sich logischerweise auch nur auf Fehler bezieht, die der vertragsmäßige Gebrauch mit sich bringt.

VI.

Die Haftung des Verkäufers für die Fehler der Sache[1]).

I. Der Vermieter ist verpflichtet, dem Mieter den Gebrauch der vermieteten Sache während der Mietzeit zu gewähren (§ 535 HGB.). Der Unternehmer ist verpflichtet, das versprochene Werk herzustellen (§ 631 BGB.). Der Verkäufer einer Sache ist verpflichtet, dem Käufer die Sache zu übergeben (§ 433 BGB.).

Die Pflicht des Vermieters zur Gebrauchsgewährung wird in § 356 BGB. näher dahin erläutert, daß er die Mietsache dem Mieter in einem zu dem vertragsmäßigen Gebrauche geeigneten Zustande zu überlassen und sie während der Mietzeit in diesem Zustande zu erhalten hat. Die Herstellungspflicht des Unternehmers wird in § 633 BGB. dahin präzisiert, daß er verpflichtet ist, das Werk so herzustellen, daß es nicht mit Fehlern behaftet ist, die den Wert oder die Tauglichkeit zu dem gewöhnlichen oder dem nach dem Vertrage vorausgesetzten Gebrauch aufheben oder mindern.

Eine entsprechende Präzisierung der Übergabepflicht des Verkäufers enthält das Gesetz nicht. § 459 BGB. besagt lediglich, daß der Verkäufer dem Käufer dafür haftet, daß die Sache bei der Übergabe nicht mit Fehlern behaftet ist, die den Wert oder die Tauglichkeit zu dem gewöhnlichen oder dem nach dem Vertrag vorausgesetzten Gebrauch aufheben oder mindern. Es liegt aber nichts näher, als — nach Analogie der vom Gesetz ausdrücklich präzisierten Pflichten des Vermieters und des Unternehmers — die Übergabepflicht des Verkäufers dahin zu präzisieren, daß er die Sache frei von Fehlern zu übergeben habe, die den Wert oder die Tauglichkeit zu dem gewöhnlichen oder dem nach dem Vertrag vorausgesetzten Gebrauch aufheben oder mindern. Unterstellt man, daß die Übergabepflicht des Verkäufers den also präzisierten Inhalt hat, dann ist entsprechend dem Käufer das Recht auf Übergabe der Sache in fehlerfreiem Zustand zuzugestehen. Der Berechtigte kann von dem Verpflichteten Schadenersatz verlangen, wenn dieser sein Recht schuldhaft vereitelt oder beeinträchtigt (§ 160 Abs. 1 BGB.)[2]). Vereitelt oder beeinträchtigt

[1]) Zuerst erschienen in der „Leipziger Zeitschrift für Deutsches Recht" 1918 S. 888 ff. Vgl. das Vorwort.

[2]) Der § 160 BGB. erkennt den Ersatzanspruch ausdrücklich zwar nur dem bedingt Berechtigten zu. Hat aber dieser bereits den Anspruch, so wird

also der Verkäufer durch sein Verschulden das Recht des Käufers auf Übergabe der Sache in fehlerfreiem Zustand, so kann der Käufer von dem Verkäufer Schadenersatz verlangen.

II. Das Recht des Käufers auf Übergabe der Sache in fehlerfreiem Zustand ist vereitelt, wenn die Sache zur Zeit der Übergabe mit einem Fehler [3]) behaftet ist, der ihren Wert oder ihre Tauglichkeit zu dem (gewöhnlichen oder dem nach dem Vertrag vorausgesetzten) Gebrauch aufhebt oder mindert und nicht mehr beseitigt werden kann, also irreparabel ist. Alle reparabelen Fehler stellen lediglich eine Beeinträchtigung des Käuferrechts dar [4]). Vom Verkäufer verschuldet aber ist die Vereitlung oder Beeinträchtigung des Käuferrechts auf Übergabe in fehlerfreiem Zustand dann, wenn die Übergabe durch ihn erfolgt in Kenntnis oder in fahrlässiger Unkenntnis des Fehlers. Denn dann hat er seine Pflicht zur Übergabe in fehlerfreiem Zustand schuldhaft (vorsätzlich oder fahrlässig) verletzt. Der unter Nr. I am Ende entwickelte Rechtssatz läßt sich also auch so formulieren: Der Käufer kann von dem Verkäufer Schadenersatz verlangen, wenn dieser die Sache übergibt, in Kenntnis oder in fahrlässiger Unkenntnis eines irreparablen (wert- oder gebrauchsaufhebenden oder -mindernden) Fehlers — Fall der Vereitlung — oder eines reparablen (wert- oder gebrauchsaufhebenden oder -mindernden) Fehlers — Fall der Beeinträchtigung —.

III. Den Inhalt der Schadenersatzpflicht bestimmen die §§ 249 ff. BGB. Danach hat der Verpflichtete den Zustand herzustellen, der bestehen würde, wenn der zum Ersatz verpflichtende Umstand nicht eingetreten wäre (§ 249 S. 1). Ist wegen Beschädigung einer Sache

---

man nicht umhin können, ihn auch oder vielmehr erst recht dem *unbedingt* Berechtigten zuzugestehen. — Dazu wie zu der ganzen Abhandlung meinen Aufsatz: „Vereitlung und Beeinträchtigung von Forderungsrechten. Ein Beitrag zur Lehre von den positiven Vertragsverletzungen", im „Recht" 1913, 453 ff. (*abgedruckt oben Z. II*). Ausdrücklich zustimmend *Düringer-Hachenburg*, HGB. Bd. 2 Kap. XI, Anm. 382 Abs. 1 (2. Aufl.).

[3]) Der Begriff „Mangel" (§ 460 BGB.) umfaßt a) die „Fehler" der Sache (§ 459 Abs. 1 BGB.); b) das Fehlen einer zugesicherten Eigenschaft (§ 459 Abs. 2 BGB.). Hier soll lediglich die Haftung für die „Fehler" untersucht werden. Der Fall der zugesicherten Eigenschaft scheidet aus. Er bedarf wegen der Besonderheit des Rechtsgrundes der Zusicherung besonderer Behandlung.

[4]) Folgende schematische Übersicht aller möglichen Fehler verdeutlicht das Gesagte:

I. irreparabel	{ wert- oder gebrauchsaufhebend „ „ „ mindernd	= Vereitlung.
II. reparabel	{ wert- oder gebrauchsaufhebend „ „ „ mindernd	= Beeinträchtigung.

Schadenersatz zu leisten, so kann der Gläubiger statt der Herstellung den dazu erforderlichen Geldbetrag verlangen (§ 249 S. 2). Der Gläubiger kann dem Ersatzpflichtigen zur Herstellung eine angemessene Frist mit der Erklärung bestimmen, daß er die Herstellung nach dem Ablaufe der Frist ablehne. Nach dem Ablaufe der Frist kann der Gläubiger den Ersatz in Geld verlangen, wenn nicht die Herstellung rechtzeitig erfolgt; der Anspruch auf die Herstellung ist ausgeschlossen (§ 250 BGB.). Soweit die Herstellung nicht möglich oder zur Entschädigung des Gläubigers nicht genügend ist, hat der Ersatzpflichtige den Gläubiger in Geld zu entschädigen. Der Ersatzpflichtige kann den Gläubiger in Geld entschädigen, wenn die Herstellung nur mit unverhältnismäßigen Aufwendungen möglich ist (§ 251 BGB.).

Eine Anwendung dieser Normen auf den unter Nr. II gewonnenen Rechtssatz ergibt folgendes:

A. Ist die Sache mit einem irreparablen Fehler belastet, so ist die Reparatur der Sache und also auch die Herstellung des normalen Zustandes nicht mehr möglich. Der Verkäufer, der die Sache in Kenntnis oder in fahrlässiger Unkenntnis eines solchen Fehlers übergibt — Fall der schuldhaften Vereitlung des Käuferrechts —, hat daher den Käufer in Geld zu entschädigen.

B. Ist die Sache mit einem reparablen Fehler behaftet, so ist die Möglichkeit der Reparatur und der Herstellung des normalen Zustandes noch gegeben. Die Herstellung erfolgt durch Beseitigung des Fehlers. Der Verkäufer, der die Sache in Kenntnis oder in fahrlässiger Unkenntnis eines reparablen Fehlers übergibt — Fall der schuldhaften Beeinträchtigung des Käuferrechts —, ist also zur Beseitigung des Fehlers verpflichtet. Ablehnen kann er die Herstellung, wenn sie nur mit unverhältnismäßigen Aufwendungen möglich ist.

In Geld hat der Verkäufer den Käufer zu entschädigen, 1. wenn die Herstellung nicht rechtzeitig erfolgt (§ 250 BGB.), 2. soweit die Herstellung zur Entschädigung des Gläubigers nicht genügend ist (§ 251 BGB.).

IV. Das Kaufrecht des BGB. statuiert im § 463 S. 2 besondere Rechtsfolgen für den Fall, daß der Verkäufer einen Fehler arglistig verschwiegen hat. Unter Fehler ist nach dem Zusammenhange ein Fehler der im § 459 bezeichneten Art zu verstehen, d. h. ein zur Zeit der Übergabe vorhandener Fehler, der den Wert oder die Tauglichkeit zu dem gewöhnlichen oder dem nach dem Vertrag vorausgesetzten Gebrauch aufhebt oder mindert. Woraus sich zugleich ergibt, daß die Arglist zur Zeit der Übergabe bestehen muß. An den so fixierten Tatbestand knüpft das Gesetz als Rechtsfolge die Befugnis des Käufers, „statt der Wandlung oder der Minderung Schadenersatz wegen Nichterfüllung zu verlangen". Unter Wandlung ist gemäß § 462 die Rückgängigmachung des Kaufes, unter Minderung die Herabsetzung des Kaufpreises gemäß §§ 472, 473 BGB. zu verstehen. Diese Rechte stehen also dem Käufer auch dann zu, wenn der Verkäufer bei der Übergabe einen Fehler arglistig verschweigt. Der Käufer kann aber in diesem Fall statt dessen auch Schadenersatz wegen Nichterfüllung verlangen. Sieht man also von dem Wandlungs- und dem Minderungsrecht zunächst einmal ab — sie sollen unten einer gesonderten Betrachtung unterzogen werden —, so ergibt sich der Satz: Verschweigt der Verkäufer bei der Übergabe der Sache arglistig einen Fehler derselben, so kann der Käufer Schadenersatz wegen Nichterfüllung verlangen.

V. Der Verkäufer, der einen Fehler der Sache bei der Übergabe arglistig verschweigt, übergibt die Sache in Kenntnis des Fehlers. Ist dieser Fehler irreparabel, so vereitelt er, ist er reparabel, so beeinträchtigt er vorsätzlich das Recht des Käufers auf fehlerfreie Übergabe. Sieht man davon ab, daß das Kaufrecht des BGB. die Fälle der nur fahrlässigen Vereitlung und Beeinträchtigung des Käuferrechts nicht berücksichtigt, so ergibt sich also die Übereinstimmung des Tatbestands des § 463 S. 2 BGB. mit den unter Nr. III am Ende unter A und B formulierten Tatbeständen [5]). Es liegt nahe, aus dieser Übereinstimmung der Tatbestände auf eine Übereinstimmung auch der Rechtsfolgen zu schließen, die nach den positiven Vorschriften des Gesetzes (oben Nr. IV) und nach den Ausführungen unter Nr. III an jene Tatbestände zu knüpfen sind. Ein Vergleich lehrt, daß dieser Schluß berechtigt ist: Schadenersatz wegen Nichterfüllung — die Rechtsfolge, die das Kaufrecht an die Vereitlung und Beeinträchtigung des Käuferrechts auf fehlerfreie Übergabe der Sache knüpft — ist nichts anderes als Gelderersatz im Gegensatz zur Herstellung, also die Rechtsfolge, die nach Nr. III lit. A im Falle der schuldhaften Vereitlung des Käuferrechts und nach Nr. III lit. B letzten Endes auch im Falle der schuldhaften Beeinträchtigung des Käuferrechts eintritt [6]). Daß dem Kaufrecht des BGB. auch der

---

[5]) Folgende Gegenüberstellung verdeutlicht das Gesagte:

B.G.B.	Resultat der vorliegenden Untersuchung:
arglistige Vereitlung oder Beeinträchtigung	vorsätzliche und fahrlässige Vereitlung oder Beeinträchtigung.

Der Tatbestand des Gesetzes ist enger, wird aber von dem nach der vorliegenden Untersuchung sich ergebenden Tatbestand mit umfaßt.

[6]) Den Nachweis für den Satz, daß Schadenersatz wegen Nichterfüllung identisch mit Gelderersatz ist, enthält in extenso mein Aufsatz: „Schadenersatz

Rechtsbehelf der Herstellung des normalen Zustandes, der nach Nr. III lit. B als Rechtsfolge der schuldhaften Beeinträchtigung des Käuferrechts primär einzutreten hat, nicht fremd ist, zeigt § 480 Abs. 1 BGB. Danach kann der Käufer einer nur der Gattung nach bestimmten Sache statt der Wandelung oder der Minderung verlangen, daß ihm an Stelle der fehlerhaften Sache eine fehlerfreie geliefert wird. Was nichts anderes bedeutet als die Herstellung des Zustandes, der bestehen würde, falls der zum Ersatz verpflichtende Umstand nicht eingetreten wäre (§ 249 BGB.).

VI. Es bleiben noch die oben (Nr. IV am Ende) vorläufig ausgeschiedenen Rechtsbehelfe des § 462 (Wandelung und Minderung) für die Erörterung übrig. Sie sind, wie sich aus den Ausführungen unter Nr. IV ergibt, keine spezifischen Rechtsfolgen des bisher behandelten Tatbestands der schuldhaften Verletzung der Übergabepflicht des Käufers. Das Gesetz knüpft sie vielmehr im § 462 an das bloße Vorhandensein eines Fehlers ohne jede Beziehung zu dem Verhalten des Verkäufers. Daß es sie im § 463 dem Käufer auch dann gewährt, wenn jener Fehler vom Verkäufer arglistig verschwiegen wird, ist lediglich folgerecht. Die fernere Untersuchung wird sich also auf den Tatbestand des bloßen Auftretens eines Fehlers, unabhängig vom Verhalten des Verkäufers, zu beschränken haben. Ist ein solcher Fehler irreparabel, so liegt nach den früheren Ausführungen (oben Nr. II) eine Vereitlung, in allen anderen Fällen eine Beeinträchtigung des Käuferrechts auf Übergabe der Sache in fehlerfreiem Zustand vor. Der Ausdruck „Vereitlung" kehrt im Schuldrecht des BGB. zwar nicht mehr wieder. Tatsächlich aber ist das Gesetz auf den Fall der Vereitlung zurückgekommen: in seinen Vorschriften über die Unmöglichkeit der Leistung (§§ 280, 323, 325 BGB.). Daß mit dem Eintritt der Unmöglichkeit der dem Schuldner obliegenden Leistung auch das Recht des Gläubigers auf die Leistung vereitelt ist, bedarf keiner weiteren Erörterung. Problematisch ist nur, was unter der „teilweisen" Unmöglichkeit der Leistung (§§ 280 Abs. 2; 323 Abs. 1, Nachsatz; 325 Abs. 1 S. 2 BGB.) und entsprechend unter der „teilweisen" Vereitlung des Gläubigerrechts zu verstehen ist.

Teilweise Unmöglichkeit der Leistung setzt neben dem unmöglich gewordenen einen noch möglichen Teil der Leistung, also Leistungsteile, voraus. Leistungsteile aber sind nur denkbar bei teilbarer Leistung. Teilweise Unmöglichkeit kann daher auch nur bei einer teilbaren Lei-

---

wegen Nichterfüllung" im „Recht" 1914, 384ff. (abgedruckt oben Z. III). Ferner meine Abhandlung „Zur Haftung des Unternehmers für die Mängel des Werks" Nr. III am Ende im „Recht" 1916, 100ff. (abgedruckt oben Z. IV).

stung in Frage kommen. Eine unteilbare Leistung ist entweder möglich oder unmöglich. Teilweise Unmöglichkeit einer solchen Leistung ist ein Widerspruch in sich. In den Fällen, in denen man bei einer unteilbaren Leistung von teilweiser Unmöglichkeit gesprochen hat, handelt es sich vielmehr entweder um totale Vereitlung oder um eine Beeinträchtigung der Leistung. Um jene bei Irreparabilität, um diese bei Reparabilität des Fehlers [7]). Von einer teilweisen Unmöglichkeit der Leistung des Verkäufers, um die es sich hier handelt — der fehlerfreien Übergabe der Sache —, kann also nur die Rede sein, wenn diese Leistung, wie z. B. beim Sukzessivlieferungsgeschäft, teilbar ist und nun Leistungsteile unmöglich werden. „Wird die aus einem gegenseitigen Vertrage dem einen Teil obliegende Leistung infolge eines Umstandes unmöglich, den weder er noch der andere Teil zu vertreten hat, so verliert er den Anspruch auf die Gegenleistung; bei teilweiser Unmöglichkeit mindert sich die Gegenleistung nach Maßgabe der §§ 472, 473" (§ 323 Abs. 1 BGB.). Im Falle gänzlicher Vereitlung der Leistung des Verkäufers — die Sache (Einzelsache) ist zur Zeit der Übergabe mit einem irreparablen Fehler behaftet — verliert also der Verkäufer den Anspruch auf den Kaufpreis. Im Falle partieller Vereitlung — eine Lieferung beim Sukzessivlieferungsgeschäft ist irreparabel fehlerhaft — tritt eine Minderung des Kaufpreises gemäß § 472 BGB. ein.

Die prinzipielle Übereinstimmung der Behandlung, die hiernach der Fall der Vereitlung der Leistung des Verkäufers zu erfahren hat, mit der Behandlung, die der § 462 BGB. jenem Fall angedeihen läßt, ist handgreiflich. Hier wie dort als Rechtsfolgen: Wandelung und Minderung. Denn es bedarf keiner besonderen Auseinandersetzung, daß der Verlust des Anspruchs auf die Gegenleistung, die den Verkäufer nach § 323 trifft, nichts anderes ist als die eine Seite der Rückgängigmachung des Kaufs (also der Wandelung), die nach § 462 einzutreten hat. An dieser prinzipiellen Übereinstimmung ändert es nichts, daß der § 462 die Rechte auf Wandelung und auf Minderung stets wahlweise nebeneinander gewährt, während nach der Regel des § 323 die Wandelung auf den Fall der gänzlichen, die Minderung auf den Fall der teilweisen Vereitlung beschränkt erscheint. Es ist die Frage, ob es sich hier um eine durch die Sondernatur des Kaufvertrags bedingte Abweichung vom Prinzip (also um

---

[7]) Dazu die Ausführungen unter Nr. VI meines in Anm. 2 zit. Aufsatzes. Der dort ausgesprochene Satz, daß, wo man bei unteilbarer Leistung von teilweiser Unmöglichkeit gesprochen habe, es sich stets nur um eine Beeinträchtigung der Leistung handle, ist also gemäß den obigen Ausführungen zu berichtigen.

echtes Kaufsonderrecht) oder um eine Folge mangelhafter Erkenntnis des formbildenden Prinzips auf seiten des Gesetzgebers handelt[8]). Zu einer Regelung des Falles der bloßen Beeinträchtigungen — vom Verhalten des Vermieters unabhängiges Vorhandensein eines reparablen Fehlers zur Zeit der Übergabe — bietet der § 323 Abs. 1 keine direkte Handhabe. Eine analoge Anwendung der Regeln des § 323 Abs. 1 (Nebensatz) über teilweise Unmöglichkeit ergibt aber auch hier eine sich mit der Regelung des § 462 deckenden Beordnung des Falls (auch hier allerdings mit der oben erörterten Abweichung vom Prinzip).

VII. Sowohl das Recht auf Wandelung bzw. auf Minderung des Kaufpreises, die das Gesetz an das Vorhandensein eines Fehlers der verkauften Sache unabhängig vom Verhalten des Verkäufers knüpft (§ 462 BGB.), wie das Recht auf Geldersatz (Schadenersatz wegen Nichterfüllung), das im Gesetz auftritt als spezifische Rechtsfolge des arglistigen Verschweigens eines Fehlers der Sache durch den Verkäufer (§ 463 BGB.), enthält — das ist das Ergebnis der Untersuchung — kein Kauf-Sonderrecht. Diese Rechtsbehelfe ergeben sich vielmehr aus einer Anwendung allgemeiner Schuldrechtssätze (der Regel des § 323 und der Normen der §§ 160 Abs. 1 und 249 ff.) auf den Satz, daß der Verkäufer die Sache frei von Fehlern zu übergeben hat. Damit ist das Prinzip aufgedeckt, das bei der Entstehung jener scheinbaren Kaufsonderrechtsnormen, wenn auch latent und dem Gesetzgeber unbewußt, am Werke gewesen ist. Mit seiner Aufdeckung ist zugleich deutlich geworden, daß jenes Prinzip im Gesetze nur sporadisch und fragmentarisch zur Entwicklung gekommen ist. Die systematische Durchführung des Prinzips, das sich aufbaut auf der vom Gesetz sanktionierten Unterscheidung zwischen reparablen und irreparablen Fehlern (§§ 249 ff., insbes. § 251 Abs. 1 BGB.), führt zur Gewährung des Käuferrechts auf Geldersatz (Schadenersatz wegen Nichterfüllung) nicht nur bei arglistigem Verschweigen eines Fehlers, sondern auch bei Übergabe der Sache in sonstiger Kenntnis oder in fahrlässiger Unkenntnis ihres Fehlers. Sie führt ferner zur Gewährung des Käuferrechts auf Beseitigung eines reparablen Fehlers, einem Recht, das das Gesetz nur in der Gestalt des Anspruchs auf Lieferung einer fehlerfreien Gattungssache kennt.

Der Satz, daß der Verkäufer die Sache frei von Fehlern zu übergeben hat, ist im Kaufrecht des BGB. nicht ausdrücklich ausgesprochen. Er ist oben (unter Nr. I) nach Analogie der Überlassungs- und Er-

---

[8]) Auf letztere dürfte der Umstand hindeuten, daß beim wertaufhebenden Fehler auch die Minderung zu nichts anderem als zur Wandelung führt.

haltungspflicht des Vermieters und der Herstellungspflicht des Unternehmers unterstellt worden. Aus jener Unterstellung ließen sich aber nicht nur die Rechtsbehelfe, die das Kaufrecht des BGB. dem Käufer einer fehlerhaften Sache an die Hand gibt, selbständig entwickeln, sondern darüber hinaus eine Reihe weiterer Rechtssätze ableiten, die miteinander im Einklang und geeignet sind, offenbare Lücken des Gesetzes auszufüllen [9]). Womit der Nachweis für die Richtigkeit jeder Unterstellung erbracht sein dürfte.

Nimmt man zu dem Resultat der Untersuchung hinzu, daß auch die Rechtsbehelfe, die dem Mieter und dem Besteller für den Fall der Fehlerhaftigkeit der Mietsache und des Werks gegeben sind, kein Miet- bzw. kein Werkvertrags-Sonderrecht darstellen, sondern auch aus allgemeinen Rechtssätzen sich ergeben — wofür ich den Nachweis anderweit erbracht habe [10]) —, so dürfte der Standpunkt für eine bessere Übersicht über das Schuldrechtssystem und der Weg zu einer einfacheren Gestaltung bei einer künftigen Reform des Gesetzes gewonnen sein.

---

[9]) Es ist nicht einzusehen, weshalb nicht auch der Verkäufer zur Beseitigung eines Fehlers verpflichtet sein und weshalb er nur für Arglist und nicht — wie der Vermieter und der Unternehmer — für Verschulden überhaupt haften soll.

[10]) S. meine Aufsätze „Zur Haftung des Unternehmers für die Mängel des Werks" im „Recht" 1916, 100 ff. u. „Die Haftung des Vermieters für die Fehler der Mietsache. Ein Beitrag zur Systematik des Schuldrechts" in LZ. 1917, 947 (abgedruckt oben Z. IV und V).

VII.

Die Haftung des Unternehmers für die Mängel des Werks.

Ein Weg zur Vereinfachung des Schuldrechts.

I. Der Unternehmer ist verpflichtet das versprochene Werk herzustellen (§ 631 BGB.).

Diese Pflicht des Unternehmers wird in § 633 BGB. dahin präzisiert, daß er verpflichtet ist, das Werk so herzustellen, daß es nicht mit Fehlern[1]) behaftet ist, die den Wert oder die Tauglichkeit (zu dem gewöhnlichen oder dem nach dem Vertrag vorausgesetzten Gebrauch) aufheben oder mindern.

Der Pflicht des Unternehmers entspricht das Recht des Bestellers auf fehlerfreie Herstellung des Werks.

Der Berechtigte kann von dem Verpflichteten Schadenersatz verlangen, wenn dieser sein Recht schuldhaft vereitelt oder beeinträchtigt, § 160 Abs. 1 BGB.[2]).

Vereitelt oder beeinträchtigt also der Unternehmer schuldhaft das des Bestellers auf fehlerfreie Herstellung des Werks, so kann der Besteller von dem Unternehmer Schadenersatz verlangen.

II. Den Inhalt der Schadenersatzpflicht bestimmen die §§ 249 ff. BGB.

Danach hat der Verpflichtete den Zustand herzustellen, der bestehen würde, wenn der zum Ersatz verpflichtende Umstand nicht eingetreten

---

[1]) Der Begriff „Mangel" (§ 633 Abs. 2 BGB.) umfaßt: a) den Mangel einer zugesicherten Eigenschaft (§ 633 Abs. 1 BGB.); b) einen Fehler des Werks, der α) den Wert oder β) die Tauglichkeit zu dem gewöhnlichen oder dem nach dem Vertrag vorausgesetzten Gebrauch aufhebt oder mindert (§ 633 Abs. 1 BGB.). Hier soll zunächst die Haftung für „Fehler" untersucht werden. Der Fall der zugesicherten Eigenschaft wird im Anschluß daran weiter unten erörtert (Z. VI).

[2]) Der § 160 BGB. erkennt den Ersatzanspruch ausdrücklich zwar nur dem bedingt Berechtigten zu. Hat aber dieser bereits den Anspruch, so wird man nicht umhin können, ihn auch oder vielmehr erst recht dem unbedingt Berechtigten zuzugestehen. — Dazu wie zu der ganzen Abhandlung meinen Aufsatz „Vereitlung und Beeinträchtigung von Forderungsrechten. Ein Beitrag zu der Lehre von den positiven Vertragsverletzungen" im „Recht" 1913, 453 ff. (oben abgedruckt Z. II). Ausdrücklich zustimmend Düringer-Hachenburg, HGB. Bd. 2 Kap. XI, Anm. 382 Abs. 1 (2. Aufl.).

wäre (§ 249 S. 1). Ist wegen Beschädigung einer Sache Schadenersatz zu leisten, so kann der Gläubiger statt der Herstellung den dazu erforderlichen Geldbetrag verlangen (§ 249 S. 2). Der Gläubiger kann dem Ersatzpflichtigen zur Herstellung eine angemessene Frist mit der Erklärung bestimmen, daß er die Herstellung nach dem Ablauf der Frist ablehne. Nach dem Ablauf der Frist kann der Gläubiger den Ersatz in Geld verlangen, wenn nicht die Herstellung rechtzeitig erfolgt; der Anspruch auf die Herstellung ist ausgeschlossen (§ 250 BGB.). Soweit die Herstellung nicht möglich oder zur Entschädigung des Gläubigers nicht genügend ist, hat der Ersatzpflichtige den Gläubiger in Geld zu entschädigen. Der Ersatzpflichtige kann den Gläubiger in Geld entschädigen, wenn die Herstellung nur mit unverhältnismäßigen Aufwendungen möglich ist (§ 251 BGB.).

Eine Anwendung dieser Normen auf dem unter Ziffer I gewonnenen Rechtssatz ergibt Folgendes:

A. Das Recht des Bestellers auf fehlerfreie Herstellung des Werks ist vereitelt, wenn die Herstellung des (normalen) Zustandes nicht mehr möglich ist, der bestehen würde, wenn der zum Ersatz verpflichtende Umstand nicht eingetreten wäre. Und der Unternehmer hat in diesem Falle den Besteller in Geld zu entschädigen.

B. Das Recht des Bestellers auf fehlerfreie Herstellung des Werks ist lediglich beeinträchtigt, so lange die Herstellung des normalen Zustandes noch möglich ist. In diesem Fall ist der Unternehmer grundsätzlich verpflichtet, den normalen Zustand herzustellen. Den Besteller statt dessen in Geld zu entschädigen ist er nur befugt, wenn die Herstellung nur mit unverhältnismäßigen Aufwendungen möglich ist.

Verpflichtet, den Besteller in Geld zu entschädigen, ist der Unternehmer:

1. wenn die (an sich mögliche) Herstellung des normalen Zustandes nicht rechtzeitig erfolgt (§ 250 BGB.);

2. soweit die (an sich mögliche) Herstellung des normalen Zustandes zur Entschädigung des Bestellers nicht genügend ist (§ 251 Abs. 1 S. 1 BGB., zweite Eventualität).

III. Das Werkvertragsrecht des BGB. statuiert in § 635 besondere Rechtsfolgen für den Fall, daß der Mangel des Werks auf einem Umstande beruht, den der Unternehmer zu vertreten hat. „Mangel des Werks" begreift, wie sich aus einem Vergleich des § 633 Abs. 1 mit § 633 Abs. 2 S. 1 ergibt neben dem (negativen) Mangel einer zugesicherten Eigenschaft des (positiven) Vorhandenseins eines Fehlers, der den Wert des Werks oder seine Tauglichkeit zu dem (gewöhnlichen oder nach dem Vertrag vorausgesetzten) Gebrauch aufhebt oder mindert. Zu vertreten hat der Unternehmer, wie, im Zweifel, jeder Schuldner gemäß § 276 BGB., Vorsatz und Fahrlässigkeit. An den so fixierten Tatbestand schuldhaft-fehlerhafter Herstellung des Werks knüpft das Gesetz als Rechtsfolge die Befugnis des Bestellers „statt der Wandlung oder Minderung" Schadenersatz wegen Nichterfüllung zu verlangen. Das Recht auf Wandelung und das Recht auf Minderung stehen dem Besteller also auch dann zu, wenn der Fehler vom Unternehmer verschuldet ist. Der Besteller kann aber in diesem Fall statt dessen Schadenersatz wegen Nichterfüllung verlangen. Wo also zu den übrigen Voraussetzungen des Bestellerrechts auf Wandlung und Minderung das Verschulden des Unternehmers mit Bezug auf den Fehler hinzutritt, kann der Besteller das Recht auf Schadenersatz wegen Nichterfüllung geltend machen.

Das Recht auf Wandelung und Minderung knüpft das Gesetz an das bloße Vorhandensein eines Fehlers ohne jede Beziehung zu dem Verhalten des Unternehmers unmittelbar nur in folgenden drei Fällen:

1. wenn die Beseitigung des Mangels unmöglich ist (§ 634 Abs. 2 erste Eventualität);
2. wenn die Beseitigung des Mangels von dem Unternehmer verweigert wird (a. a. O., zweite Eventualität);
3. wenn die sofortige Geltendmachung des Anspruchs auf Wandelung und Minderung durch ein besonderes Interesse des Bestellers gerechtfertigt wird (a. a. O., dritte Eventualität).

Im übrigen erwächst der Anspruch auf Wandelung und Minderung mittelbar erst dann, wenn das primäre Recht auf Beseitigung des Mangels (§ 633 Abs. 2 S. 1 BGB.) durch Setzung einer Frist zur Beseitigung und ergebnislosen Ablauf dieser Frist erschöpft ist (§ 634 Abs. 1 S. 1 und S. 3).

Nach dem Satz, daß „statt der Wandelung und Minderung" Schadenersatz wegen Nichterfüllung gefordert werden kann, ergeben sich somit, wenn man von dem Wandelungs- und Minderungsrecht zunächst einmal absieht — sie sollen unten einer gesonderten Betrachtung unterzogen werden —, aus dem Werkvertragsrecht des BGB. gegenüber dem Unternehmer, der die fehlerhafte Herstellung des Werkes verschuldet hat, für den Besteller folgende Rechtsbehelfe:

A. Ist die Beseitigung des Fehlers unmöglich, so kann der Besteller ohne weiteres Schadenersatz wegen Nichterfüllung verlangen.

B. Ist die Beseitigung des Fehlers noch möglich, so hat der Besteller in erster Linie den Anspruch auf Beseitigung. Diese kann der Unternehmer verweigern, wenn sie einen unverhältnismäßigen Aufwand erfordert (§ 633 Abs. 2 S. 2 BGB.).

Schadenersatz wegen Nichterfüllung kann der Besteller verlangen:

1. Wenn die Beseitigung des Fehlers nicht rechtzeitig erfolgt (§ 634 Abs. 1 S. 1 und S. 3 BGB.).

2. Wenn die sofortige Geltendmachung des Anspruchs auf Schadenersatz wegen Nichterfüllung durch ein besonderes Interesse des Bestellers gerechtfertigt wird (§ 634 Abs. 2 BGB., dritte Eventualität).

3. Wenn die Beseitigung des Mangels vom Unternehmer verweigert wird (§ 634 Abs. 2 BGB., zweite Eventualität).

IV. Ein Vergleich der vom Gesetz an den Tatbestand des § 635 geknüpften Rechtsfolgen (oben Ziff. III) mit den nach den Ausführungen unter Ziff. II an den Tatbestand der schuldhaften Vereitlung oder Beeinträchtigung des Bestellerrechts auf fehlerfreie Herstellung des Werks zu knüpfenden Rechtsfolgen ergibt einen vollständigen Parallelismus in der Behandlung der beiden Tatbestände:

Das primäre Recht des Bestellers auf (die noch mögliche) Beseitigung des vom Unternehmer verschuldeten Fehlers (oben Ziff. III B) ist identisch mit dem (unter Ziff. II B behandelten) Recht des Bestellers auf Herstellung des normalen Zustandes. Die Herstellung des normalen Zustandes erfolgt durch Beseitigung des Fehlers.

Die Fristsetzung gemäß § 634 Abs. 1 S. 1 und S. 3 trägt die Merkmale ihrer Herkunft aus § 250 S. 1 und S. 2 unverkennbar an sich[3]).

Daß die Wendung des § 634 Abs. 2 BGB., „wenn die sofortige Geltendmachung des Anspruchs auf Schadenersatz wegen Nichterfüllung durch ein besonderes Interesse des Bestellers gerechtfertigt wird" gleichbedeutend ist mit der Wendung des § 251 soweit die Herstellung zur Entschädigung des Gläubigers nicht genügend ist, erhellt gleichfalls bei schärferem Zusehen. Die Lückenlosigkeit des Parallelismus zeigt weiter ein Vergleich des § 633 Abs. 2 S. 2 (Recht des Unternehmers, die Beseitigung zu verweigern, „wenn sie einen unverhältnismäßigen Aufwand erfordert") mit § 251 Abs. 2 (Recht des Unternehmers, den Besteller in Geld zu entschädigen, „wenn die Her-

---

[3]) § 634 Abs. 1 S. 2 gibt noch eine Vorschrift für vorzeitige Fristsetzung. Sie betrifft, wie sich aus dem Nachsatz ergibt, den Sonderfall, daß für die Ablieferung des Werks eine Frist bestimmt ist und sich nun bereits im Laufe dieser Frist ein Fehler zeigt. Dann muß die Frist zur Beseitigung des Fehlers so bemessen werden, daß sie nicht vor der Hauptfrist (zur Ablieferung) abläuft. Die Bestimmung einer Frist zur Ablieferung des Werks bedeutet die Bestimmung einer Zeit für die Leistung. Der Besteller kann daher gemäß § 271 Abs. 2 BGB. die Leistung im Zweifel nicht vor der Zeit verlangen. Man wird ihm logischerweise vorher auch nicht die Geltendmachung eines Rechts zubilligen können, das erst aus einer Beeinträchtigung des befristeten Hauptrechts erwächst. Vgl. übrigens auch in diesem Zusammenhang § 163 BGB. „Im Falle des Eintritts der Bedingung", entsprechend „zum Anfangstermin".

stellung des normalen Zustandes, d. i. die Beseitigung des Fehlers", „nur mit unverhältnismäßigen Aufwendungen möglich ist") [4]). Deutlich wird vollends, daß „Schadenersatz wegen Nichterfüllung" nichts anderes bedeutet als Geldersatz im Gegensatz zur Herstellung des normalen Zustandes, also die Rechtsfolge, die gemäß Ziff. II lit. A im Falle der schuldhaften Vereitlung des Bestellerrechts und gemäß Ziff. II lit. A letzten Endes auch im Falle der schuldhaften Beeinträchtigung des Bestellerrechts eintritt [5]).

Es liegt nahe, aus der so gefundenen Übereinstimmung der Rechtsfolgen auf eine Übereinstimmung auch der Tatbestände zu schließen, an die jene Rechtsfolgen sich knüpfen. Die Berechtigung des Schlusses ist augenscheinlich. Ist das Werk mit einem Fehler behaftet, dessen Beseitigung unmöglich ist (oben Ziff. III lit. A), so liegt der Fall der Vereitlung des Bestellerrechts auf fehlerfreie Herstellung vor (oben Ziff. II lit. A). Ist die Beseitigung des Fehlers noch möglich (oben Ziff. II lit. B), so handelt es sich um eine bloße Beeinträchtigung des Bestellerrechts (oben Ziff. III lit. B) [6]).

V. Es bleiben noch die oben (Ziff. III am Ende) vorläufig ausgeschiedenen Rechtsbehelfe des § 634 (Wandelung und Minderung) für die Erörterung übrig. Sie sind, wie sich aus den Ausführungen unter Ziff. III ergibt, keine spezifischen Rechtsfolgen des bisher behandelten Tatbestandes der schuldhaften Verletzung der Herstellungspflicht des Unternehmers. Das Gesetz knüpft sie vielmehr im § 634 an das bloße Vorhandensein eines Fehlers ohne jede Beziehung zu dem Verhalten des Unternehmers. Daß es sie im § 635

---

[4]) § 633 Abs. 2 S. 2 spricht nur von dem Recht des Unternehmers die Beseitigung zu verweigern. Die (selbstverständliche) Verpflichtung des die Beseitigung verweigernden Unternehmers zur Entschädigung in Geld wird nicht ausgesprochen.

[5]) Den Nachweis für den Satz, daß Schadenersatz wegen Nichterfüllung identisch mit Geldersatz ist, enthält in extenso mein Aufsatz: „Schadensersatz wegen Nichterfüllung" im „Recht" 1914, 384 ff. (oben abgedruckt Z. III).

[6]) Lediglich zum Falle der Verweigerung der Beseitigung des Fehlers durch den Unternehmer, den das Werkvertragsrecht in § 634 Abs. 2 (zweite Eventualität) regelt (oben Z. III lit. B 3), ergibt sich keine Parallele. Es liegt aber auf der Hand, daß Verweigerung der Beseitigung eines Fehlers des Werks ebenso wie die in RG. 57 S. 113 erörterte sog. „Erfüllungsverweigerung" (d. h. die Weigerung, die Hauptleistung zu erfüllen) unter den Begriff der Vereitlung des Bestellerrechts fällt. Es ist die schärfste Form der Vertragsverletzung, wenn der Verpflichtete, gebunden durch sein Wort, dieses Wort widerruft. Solches Verhalten eines Vertragsgegners erheischt die schärfste Behandlung durch die Rechtsordnung. So erweist sich auch hier die Brauchbarkeit der vom Gesetz selbst an Hand gegebenen Einteilung Vereitlung-Beeinträchtigung.

dem Besteller auch dann gewährt, wenn jener Fehler vom Unternehmer verschuldet ist, ist lediglich folgerecht. Die fernere Untersuchung wird sich also auf den Tatbestand des bloßen Auftretens eines Fehlers, unabhängig vom Verhalten des Unternehmers, zu beschränken haben.

Ist ein solcher Fehler irreparabel, so liegt nach den früheren Ausführungen (oben Ziff. II) eine Vereitlung, in allen anderen Fällen eine Beeinträchtigung des Bestellerrechts auf fehlerfreie Herstellung vor.

Der Ausdruck „Vereitlung" kehrt im Schuldrecht des BGB. zwar nicht mehr wieder. Tatsächlich aber ist das Gesetz auf den Fall der Vereitlung zurückgekommen: in seinen Vorschriften über die Unmöglichkeit der Leistung (§§ 280, 323, 325 BGB.). Daß mit dem Eintritt der Unmöglichkeit der dem Schuldner obliegenden Leistung auch das Recht des Gläubigers auf die Leistung vereitelt ist, bedarf keiner weiteren Erörterung. Problematisch ist nur, was unter der „teilweisen" Unmöglichkeit der Leistung (§§ 280 Abs. 2; 323 Abs. 1, Nachsatz; 325 Abs. 1 S. 2 BGB.) und entsprechend unter der „teilweisen" Vereitlung des Gläubigerrechts auf die Leistung zu verstehen ist.

Teilweise Unmöglichkeit der Leistung setzt neben dem unmöglich gewordenen einen noch möglichen Teil der Leistung, also Leistungsteile voraus. Leistungsteile aber sind nur denkbar bei teilbarer Leistung. Teilweise Unmöglichkeit kann daher also auch nur bei einer teilbaren Leistung in Frage kommen. Eine unteilbare Leistung ist entweder möglich oder unmöglich. Teilweise Unmöglichkeit einer solchen Leistung ist ein Widerspruch in sich. In den Fällen, in denen man bei einer unteilbaren Leistung von teilweiser Unmöglichkeit gesprochen hat, handelt es sich vielmehr entweder um totale Vereitlung oder um eine Beeinträchtigung der Leistung. Um jene bei Irreparabilität, um diese bei Reparabilität des Fehlers. Von einer teilweisen Unmöglichkeit der Leistung des Unternehmers, um die es sich hier handelt — der fehlerfreien Herstellung des Werks — kann also nur die Rede sein, wenn diese Leistung teilbar ist und nun Leistungsteile unmöglich werden. „Wird die aus einem gegenseitigen Vertrage dem einen Teile obliegende Leistung infolge eines Umstandes unmöglich, den weder er noch der andere Teil zu vertreten hat, so verliert er den Anspruch auf die Gegenleistung; bei teilweiser Unmöglichkeit mindert sich die Gegenleistung nach Maßgabe der §§ 472, 473" (§ 323 Abs. 1 BGB.). Im Falle gänzlicher Vereitlung der Leistung des Unternehmers — das Werk ist mit einem irreparablen Fehler behaftet — verliert also der Unternehmer den Anspruch auf die Vergütung. Im

Falle partieller Vereitlung tritt eine Minderung der Vergütung gemäß § 472 BGB. ein.

Die prinzipielle Übereinstimmung der Behandlung, die hiernach der Fall der Vereitlung der Leistung des Unternehmers zu erfahren hat, mit der Behandlung, die der § 634 Abs. 1 S. 3 jenem Fall angedeihen läßt, ist handgreiflich. Hier wie dort als Rechtsfolgen: Wandlung und Minderung. Denn es bedarf keiner besonderen Auseinandersetzung, daß der Verlust des Anspruches auf die Gegenleistung, der den Unternehmer nach § 323 trifft, nichts anderes ist als die eine Seite der Rückgängigmachung des Vertrags (also der Wandlung), die nach § 634 Abs. 1 S. 3 einzutreten hat. An dieser prinzipiellen Übereinstimmung ändert es nichts, daß der § 634 die Rechte auf Wandlung und auf Minderung stets wahlweise nebeneinander gewährt, während nach der Regel des § 323 die Wandlung auf den Fall der gänzlichen, die Minderung auf den Fall der teilweisen Vereitlung beschränkt erscheint. Es ist die Frage, ob es sich hier um eine durch die Sondernatur des Werkvertrages bedingte Abweichung vom Prinzip (also um echtes Werkvertrags-Sonderrecht) oder um eine Folge mangelhafter Erkenntnis des formbildenden Prinzips auf seiten des Gesetzgebers handelt.

Zu einer Regelung des Falls der bloßen Beeinträchtigungen — vom Verhalten des Unternehmers unabhängiges Vorhandensein eines reparablen Fehlers des Werks — bietet der § 323 Abs. 1 keine direkte Handhabe. Eine analoge Anwendung der Regeln des § 323 Abs. 1 Nebensatz über teilweise Unmöglichkeit ergibt aber auch hier eine sich mit der Regelung des § 634 deckende Beordnung des Falls (auch hier allerdings mit der oben erörterten Abweichung vom Prinzip).

VI. Der Nachweis, der in der vorstehenden Untersuchung für den Fall geführt ist, daß das Werk mit einem Wert- oder Tauglichkeitsfehler behaftet ist, läßt sich in genau entsprechender Weise für den Fall erbringen, daß dem Werk eine zugesicherte Eigenschaft ermangelt. Mangel einer zugesicherten Eigenschaft ist Vereitlung des Bestellerrechts, wenn er unbehebbar ist, er ist Beeinträchtigung des Bestellerrechts, so lange er behoben werden kann. Er löst die gleichen Rechtsfolgen aus, wie Vereitlung und Beeinträchtigung des Bestellerrechts überhaupt. Bei schärferem Zusehen ergibt sich, daß eine Sondernorm zur Regelung des Falles der Zusicherung einer Eigenschaft des Werks entbehrlich ist. Hat der Unternehmer eine solche Zusicherung gegeben, so erwächst daraus die Vertragspflicht des Unternehmers zur Herstellung des Werks mit der zugesicherten Eigenschaft, der das Vertragsrecht des Bestellers auf Herstellung des Werks mit jener Eigenschaft gegenübersteht. Vereitlung oder Beeinträchtigung solchen Bestellerrechts hat — wie dargetan — nach allgemeinen Rechtssätzen die Rechtsfolgen, die jede Verletzung eines Vertragsrechts nach sich zieht. Diese Rechtsfolgen liegen außerhalb des Bereichs des Werkvertrags-Sonderrechts.

VII. Sowohl das Recht auf Wandlung bzw. auf Minderung der Vergütung, die das Werkvertragsrecht des BGB. an das Vorhandensein eines Mangels des Werks unabhängig vom Verhalten des Unternehmers knüpft (§ 634 Abs. 1 S. 3 BGB.), wie das Recht auf Geldersatz (Schadenersatz wegen Nichterfüllung), das im Werkvertragsrecht des BGB. auftritt als spezifische Rechtsfolge der schuldhaften Verursachung eines Mangels des Werks durch den Unternehmer (§ 635 BGB.) enthält — das ist das Ergebnis der Untersuchung — kein Werkvertrags-Sonderrecht. Werkvertrags-Sonderrecht enthält lediglich das Recht des Bestellers auf Beseitigung eines Mangels, sofern es unabhängig vom Verhalten des Unternehmers gegeben ist (§ 633 Abs. 2 S. 1 BGB.: „Ist das Werk nicht von dieser Beschaffenheit"). Jene Rechtsbehelfe ergeben sich vielmehr aus einer Anwendung allgemeiner Schuldrechtssätze (der Regel des § 323 und der Normen der §§ 160 Abs. 1 und 249 ff.) auf den Grundsatz des Werkvertrags, daß der Unternehmer das Werk fehlerfrei herzustellen hat. Damit ist das Prinzip aufgedeckt, das bei der Entstehung jener scheinbaren Werkvertrags-Sonderrechtsnormen, wenn auch latent und dem Gesetzgeber unbewußt, am Werk gewesen ist. Das Prinzip baut sich auf der vom BGB. selbst sanktionierten Unterscheidung zwischen reparablen und irreparablen Fehlern (§§ 249 ff. und insbesondere 251 Abs. 1 BGB.), eine Unterscheidung, die sich es ermöglicht, alle nur denkbaren Vertragsverletzungen in dem einfachen Schema:

a) Vereitlung } des Gläubigerrechts
b) Beeinträchtigung }

nicht nur in ihren Tatbestandsmerkmalen präzise zu erfassen, sondern auch die Rechtsfolgen eindeutig zu fixieren, die daran zu knüpfen sind. So bedeutet die Aufdeckung des Prinzips, das für das Recht des Kaufs und der Miete entsprechend nachzuweisen ist[7]), die endgültige Lösung des Problems der sogen. „positiven Vertragsverletzungen", die neben dem Verzug unter dem Begriff der Be-

[7]) Vgl. meine beiden Abhandlungen „Die Haftung des Vermieters für die Fehler der Mietsache. Ein Beitrag zur Systematik des Schuldrechts" und „Die Haftung des Verkäufers für die Fehler der Sache". (Oben Z. V und Z. VI.)

einträchtigungen zu subsumieren sind, so daß sich folgendes Schema ergibt:

Beeinträchtigungen des Gläubigerrechts i. w. S.	a) Verzug b) alle sonstigen Beeinträchtigungen (Beeinträchtigungen i. e. S.).

Der unglückliche Ausdruck „positive Vertragsverletzungen" hat dem dem Gesetz selbst entnommenen Ausdruck „Beeinträchtigungen" i. e. S. zu weichen[8]). Eine Fülle von Streitfragen, die Literatur und Judikatur bislang gequält haben, kann verschwinden: es sei nur an das Problem des Schadenersatzes wegen Nichterfüllung erinnert, der einfach mit Geldersatz gleichzusetzen ist. Es eröffnet sich eine wirkliche Übersicht über das Gestrüpp des bürgerlichen Schuldrechtsystems. Für den Gesetzgeber aber ist der Weg gezeigt zu einer einfacheren Gestaltung bei einer Reform des Schuldrechts, bei der der besondere Teil des Rechts der Schuldverhältnisse von alledem zu reinigen wäre, was aus Normen des Allgemeinen Teils sich ohnehin ergibt, während im Allgemeinen Teil diese Normen in voller Klarheit und Präzision herauszuarbeiten wären.

---

[8]) Daß gerade die schuldhafte Verursachung eines reparablen Fehlers des Werks durch den Unternehmer eine typische „positive Vertragsverletzung" ist, hat man bei allen Lösungsversuchen völlig übersehen.

VIII.

Über das Verhältnis von § 462 zu § 440 BGB.

Ein Beitrag zur Vereinfachung des Kaufrechtes.

Der Vermieter ist verpflichtet dem Mieter den Gebrauch der vermieteten Sache während der Mietzeit zu gewähren (§ 535 BGB.). Der Unternehmer ist verpflichtet, das versprochene Werk herzustellen (§ 631 BGB.). Der Verkäufer einer Sache ist verpflichtet, dem Käufer die Sache zu übergeben (§ 433 BGB.).

Die Pflicht des Vermieters zur Gebrauchsgewährung wird in § 536 BGB. näher dahin erläutert, daß die Mietsache dem Mieter in einem zu dem vertragsmäßigen Gebrauche geeigneten Zustande zu überlassen und sie während der Mietzeit in diesem Zustande zu erhalten hat. Die Herstellungspflicht des Unternehmers wird in § 633 BGB. dahin präzisiert, daß er verpflichtet ist, das Werk so herzustellen, daß es nicht mit Fehlern behaftet ist, die den Wert oder die Tauglichkeit zu dem gewöhnlichen oder nach dem Vertrage vorausgesetzten Gebrauch aufheben oder mindern.

Eine entsprechende Präzisierung der Übergabepflicht des Verkäufers die § 433 Abs. 1 Satz 1 BGB. ausspricht, enthält das Gesetz nicht. § 459 BGB. besagt lediglich, daß der Verkäufer dem Käufer dafür haftet, daß die Sache bei der Übergabe nicht mit Fehlern behaftet ist, die den Wert oder die Tauglichkeit (zu dem gewöhnlichen oder den nach dem Vertrag vorausgesetzten Gebrauch) aufheben oder mindern und daß sie die zugesicherten Eigenschaften hat. Es liegt aber nichts näher, als — nach Analogie der vom Gesetz ausdrücklich präzisierten Pflichten des Vermieters und des Unternehmers — die Übergabepflicht des Verkäufers dahin zu präzisieren, daß er die Sache frei von Mängeln[1]) zu übergeben habe. Unterstellt man, daß die Übergabepflicht des Verkäufers den also präzisierten Inhalt hat, dann ist entsprechend dem Käufer das Recht auf Übergabe in mangelfreiem Zustand zuzugestehen.

---

[1]) Der Begriff „Mangel" (§ 459 und § 460 BGB.) umfaßt a) einen Fehler der Sache, der aa) den Wert oder bb) die Tauglichkeit zu dem (gewöhnlichen oder dem nach dem Vertrag vorausgesetzten) Gebrauch aufhebt oder mindert (§ 459 Abs. 1 S. 1 BGB.). b) Den Mangel einer zugesicherten Eigenschaft (§ 459 Abs. 2 BGB.).

Erfüllt der Verkäufer die ihm nach den §§ 433 bis 437, 439 obliegenden Verpflichtungen nicht, so bestimmen sich die Rechte des Käufers nach den Vorschriften der §§ 320 bis 327 (§ 440 Abs. 1 BGB.).

Von den §§ 320 bis 327 behandelt § 323 den Fall, daß die aus einem gegenseitigen Vertrag dem einen Teil obliegende Leistung infolge eines Umstandes unmöglich wird, den weder er noch der andere Teil zu vertreten hat. In diesem Fall geht der Anspruch auf die Gegenleistung verloren (§ 323 Abs. 1 Vordersatz).

Die dem Verkäufer obliegende Leistung ist — nach der vorgenommenen Unterstellung — die Übergabe der Sache in mangelfreiem Zustande. Sie wird unmöglich, wenn ein Mangel vorliegt, der nicht beseitigt werden kann, also irreparabel ist.

Ist die Kaufsache also mit einem irreparablen Mangel behaftet, so verliert der Verkäufer gemäß § 440 Abs. 1 i. V. mit § 323 Abs. 1 BGB. (Vordersatz) den Anspruch auf die Gegenleistung des Käufers.

Gemäß § 462 BGB. kann der Käufer wegen eines Mangels, den der Verkäufer nach den Vorschriften der §§ 459, 460 zu vertreten hat, Rückgängigmachung des Kaufs (Wandlung) oder Herabsetzung des Kaufpreises (Minderung) erlangen. Sieht man von der Minderung zunächst einmal ab, so wird deutlich, daß § 440 Abs. 1 BGB. für den Fall des Vorliegens eines (irreparablen) Mangels dem Käufer denselben Rechtsbehelf an Hand gibt, den dann später § 462 noch einmal zu seiner Verfügung stellt. Denn es bedarf keiner weiteren Auseinandersetzung, daß der Verlust des Anspruchs auf die Gegenleistung, der den Verkäufer einer (irreparabel) mangelhaften Sache nach § 323 betrifft, nichts anderes ist als die eine Seite der Rückgängigmachung des Kaufes (also der Wandelung), die nach § 462 einzutreten hat [2]).

Gemäß § 323 Abs. 1 BGB. (Nachsatz) mindert sich bei teilweiser Unmöglichkeit die Gegenleistung nach Maßgabe der §§ 472, 473. Teilweise Unmöglichkeit der Leistung setzt neben den unmöglich gewordenen einen noch möglichen Teil der Leistung, also Leistungsteile voraus. Leistungsteile aber sind nur denkbar bei teilbarer Lei-

---

[2]) § 462 BGB. setzt — von dem Mangel einer zugesicherten Eigenschaft abgesehen — einen Fehler voraus, der den Wert oder die Tauglichkeit der Sache „aufhebt oder mindert". § 323 BGB. setzt einen Fehler voraus, der irreparabel ist, also nicht mehr behoben werden kann, denn nur ein solcher macht die Leistung „unmöglich" oder — nach dem Ausdruck, den das BGB. selbst in § 160 an die Hand gibt — „vereitelt" sie. Ein reparabler Fehler „beeinträchtigt" lediglich die Leistung (§ 160). Es ist klar, daß ein „aufhebender oder mindernder" Fehler sowohl reparabel wie irreparabel sein kann. Und es ergibt sich, daß das für die rechtliche Behandlung entscheidende Kri-

stung. Teilweise Unmöglichkeit kann daher auch nur bei einer teilbaren Leistung in Frage kommen. Eine unteilbare Leistung ist entweder möglich oder unmöglich. Teilweise Unmöglichkeit einer solchen Leistung ist ein Widerspruch an sich. In den Fällen, in denen man bei einer unteilbaren Leistung von teilweiser Unmöglichkeit gesprochen hat, handelt es sich vielmehr entweder um totale Vereitlung, oder um eine Beeinträchtigung der Leistung. Um jene bei Irreparabilität, um diese bei Reparabilität des Mangels. Von einer teilweisen Unmöglichkeit der Leistung des Verkäufers, um die es sich hier handelt — der mangelhaften Übergabe der Sache — kann also nur die Rede sein, wenn diese Leistung, wie z. B. beim Sukzessivlieferungsgeschäft, teilbar ist und nun Leistungsteile unmöglich werden. Im Falle partieller Vereitlung — Beispiel: Eine Lieferung beim Sukzessivlieferungsgeschäft ist irreparabel mangelhaft — tritt also eine Minderung des Kaufpreises gemäß § 472 BGB. ein. Der Parallelismus der Regelung, die sich aus § 440 Abs. 1 BGB. für den Fall des Vorliegens eines irreparablen Mangels eines Teiles der (teilbaren Leistung) des Verkäufers ergibt zu der Regelung, die § 462 BGB. für den gleichen Fall trifft, ist noch handgreiflicher. § 440 verweist direkt über § 323 auf § 472[3]).

So ergibt sich die auffällige Tatsache einer kongruenten Doppelregelung desselben Tatbestandes durch das Gesetz in zwei unter

terium nicht der wert- bzw. gebrauchsaufhebende oder mindernde Charakter eines Fehlers, sondern seine Reparabilität oder Irreparabilität ist. Vgl. meine Aufsätze „Vereitlung oder Beeinträchtigung von Forderungsrechten. Ein Beitrag zur Lehre von den positiven Vertragsverletzungen" und „Die Haftung des Verkäufers für die Fehler der Sache". (Oben Z. II und VI.) Für den Mangel einer zugesicherten Eigenschaft gilt das Entsprechende. Er ist Vereitlung der Leistung, wenn irreparabel, bloße Beeinträchtigung, wenn reparabel.

3) An dieser prinzipiellen Übereinstimmung ändert es nichts, daß der § 462 BGB. die Rechte auf Wandelung und auf Minderung stets wahlweise nebeneinander gewährt, während nach der Regel des § 323 die Wandelung auf den Fall der gänzlichen, die Minderung auf den Fall der teilweisen Vereitlung (einer teilbaren Leistung) beschränkt erscheint. Es dürfte mangelhafte Erkenntnis des formbildenden Prinzips auf seiten des Gesetzgebers zugrunde liegen. Darauf deutet auch der Umstand hin, daß beim „wertaufhebenden" Fehler auch die Minderung zu nichts anderem als zur Wandelung (nämlich zum Verlust des Anspruchs auf den Kaufpreis) führt.

Zu einer Regelung des Falles der bloßen Beeinträchtigungen — vom Verhalten des Verkäufers unabhängiges Vorhandensein eines reparablen Mangels zur Zeit der Übergabe — bietet der § 323 Abs. 1 allerdings keine direkte Handhabe. Eine analoge Anwendung der Regeln des § 323 Abs. 1 (Nebensatz) über teilweise Unmöglichkeit ergibt aber auch hier eine sich mit der Regelung des § 462 deckende Beordnung des Falles.

demselben Titel hintereinander folgenden Bestimmungen (§ 440 und § 462 BGB.).

Anders ausgedrückt: Die Rechtsbehelfe der Wandelung und Minderung, die § 462 dem Käufer an Hand gibt, stellt diesem bereits § 440 zur Verfügung. § 440 aber schöpft ihn aus § 323, also aus dem allgemeinen Teil der Schuldverhältnisse. Es handelt sich hier also nicht um Kauf-Sonderrecht, sondern um allgemeines Schuldrecht.

Die oben vorgenannte Unterstellung einer Übergabepflicht des Käufers dahin, daß er die Sache frei von Mängeln zu übergeben habe, erweist sich also als fruchtbar zur Erkenntnis der wahren Natur der Rechtsbehelfe, die das Kaufrecht des BGB. dem durch einen Mangel der Sache in seinen Vertragsrechten verletzten Käufer an Hand gibt. Als ohnehin geradezu selbstverständlich wird man die Richtigkeit jener Unterstellung nunmehr als endgültig erwiesen ansehen dürfen.

Klar aber wird, daß damit eine Unstimmigkeit im Aufbau des Gesetzes aufgedeckt ist. Sie bedarf bei einer notwendigen künftigen Reform des Schuldrechtes der Remedur. Das Kauf-Sonderrecht ist von Bestimmungen zu entlasten, die im allgemeinen Teil des Schuldrechtes ihren richtigen Platz haben[4]) und ihn dort in neuer richtiger Formulierung finden müssen. Die Folge wird eine klare Übersichtlichkeit der fraglichen Gesetzesteile sein. Und eine Fülle von Unklarheiten mit allen Kontroversen, die sich in Literatur und Judikatur aus der bisherigen verworrenen Regelung ergeben haben[5]), wird ausgeräumt werden können.

---

[4]) Daß es sich mit dem Miet- und Werkvertrags-Sonderrecht ebenso verhält, habe ich in meinen Untersuchungen „Die Haftung des Vermieters für die Fehler der Mietsache. Ein Beitrag zur Systematik des Schuldrechts" und „Die Haftung des Unternehmers für die Mängel des Werks. Ein Weg zur Vereinfachung des Schuldrechtes", nachgewiesen. (Vgl. oben Z. V und VII.)

[5]) Um in diesem Zusammenhang nur eines zu erwähnen: steht fest, daß die Wandelung nichts anderes ist, als ein Ausfluß des Leistungsverweigerungsrechtes des § 323 BGB., so erledigt sich die alte Kontroverse über die Rechtsnatur der Wandelung (Vertragstheorie, Herstellungstheorie).

IX.

Die Rechtsnatur des gesetzlichen Rücktrittsrechts.

I. Der Schuldner wird von der Verpflichtung zur Leistung frei, soweit die Leistung infolge eines nach der Entstehung des Schuldverhältnisses eintretenden Umstandes, den er nicht zu vertreten hat, unmöglich wird (§ 275 Abs. 1 BGB.).

Wird die aus einem gegenseitigen Vertrage dem einen Teil obliegende Leistung infolge eines Umstandes unmöglich, den weder er noch der andere Teil zu vertreten hat, so verliert er den Anspruch auf die Gegenleistung (§ 323 Abs. 1 BGB. Vordersatz).

Soweit die Leistung infolge eines von dem Schuldner zu vertretenden Umstandes unmöglich wird, hat der Schuldner dem Gläubiger den durch die Nichterfüllung entstehenden Schaden zu ersetzen (§ 280 Abs. 1 BGB.).

Wird die aus einem gegenseitigen Vertrag dem einen Teil obliegende Leistung infolge eines Umstandes, den er zu vertreten hat, unmöglich, so kann der andere Teil

1. Schadenersatz wegen Nichterfüllung verlangen oder
2. von dem Vertrage zurücktreten oder
3. statt dessen die für den Fall des § 323 bestimmten Rechte geltend machen (BGB. § 325 Abs. 1 Satz 1 und Satz 3).

Gemäß § 323 BGB. verliert der eine Teil den Anspruch auf die Gegenleistung (vgl. Abs. 2 oben).

Anders ausgedrückt: Der andere Teil wird von der Verpflichtung zur Gegenleistung frei.

Befreiung aber von der Verpflichtung zur Gegenleistung und nichts anderes ist auch der ganze Inhalt des Rücktrittsrechtes, das dem andern Teile vom Gesetz alternativ zur Verfügung gestellt ist.

Indem das Gesetz für den Fall der von dem einen Teil verschuldeten Unmöglichkeit der Leistung dem andern Teil neben dem Anspruch auf Befreiung von der Verpflichtung zur Gegenleistung wahlweise die Befugnis gibt vom Vertrag zurückzutreten, verleiht es denselben Rechtsbehelf zum zweitenmal in ein und demselben Paragraphen[1]).

II. Für den Fall der teilweisen Unmöglichkeit der Leistung gibt das Gesetz neben dem § 275 Abs. 1 (soweit die Leistung ..... unmöglich wird) folgende Bestimmungen an Hand:

Wird die aus einem gegenseitigen Vertrag dem einen Teil obliegende Leistung infolge eines Umstandes teilweise unmöglich, den weder er noch der andere Teil zu vertreten hat, so mindert sich die Gegenleistung nach Maßgabe der §§ 472 473 (§ 323 Abs. 1 BGB. Nachsatz).

Soweit die Leistung infolge eines von dem Schuldner zu vertretenden Umstandes teilweise unmöglich wird, kann der Gläubiger unter Ablegung des noch möglichen Teils der Leistung Schadenersatz wegen Nichterfüllung der ganzen Verbindlichkeit verlangen, wenn die teilweise Erfüllung für ihn kein Interesse hat. Die für das vertragsmäßige Rücktrittsrecht geltenden Vorschriften der §§ 346 bis 356 finden entsprechende Anwendung (§ 280 Abs. 2 BGB.).

Wird die aus einem gegenseitigen Vertrag dem einen Teil obliegende Leistung infolge eines Umstandes, den er zu vertreten hat, teilweise unmöglich, so ist der andere Teil, wenn die teilweise Erfüllung des Vertrags für ihn kein Interesse hat, berechtigt,

1. Schadenersatz wegen Nichterfüllung der ganzen Verbindlichkeit nach Maßgabe des § 280 Abs. 2 BGB. zu verlangen oder
2. von dem ganzen Vertrage zurückzutreten oder
3. statt dessen die für den Fall des § 323 bestimmten Rechte geltend zu machen (BGB. § 325 Abs. 1 und Satz 3).

„Teilweise Unmöglichkeit der Leistung", ein „noch möglicher Teil der Leistung" (§ 280 Abs. 2 BGB.), „teilweise Erfüllung" (§ 325

---

[1]) Nur zur Illustration sei noch auf folgendes hingewiesen: Soweit der für den Fall unverschuldeter Unmöglichkeit von der Verpflichtung zur Gegenleistung befreite andere Teil diese Gegenleistung bereits bewirkt hat, kann er das Geleistete nach den Vorschriften über die Herausgabe einer ungerechtfertigten Bereicherung zurückfordern (§ 321 Abs. 3 BGB.).

In vollkommenem Parallelismus dazu bestimmt § 327 Abs. 2 mit Bezug auf das in § 325 verliehene Rücktrittsrecht: „Erfolgt der Rücktritt wegen eines Umstandes, den der andere Teil nicht zu vertreten hat, so haftet dieser nur nach den Vorschriften über die Herausgabe einer ungerechtfertigten Bereicherung".

Übrigens ist die eine wie die andere dieser beiden Bestimmungen nichts anderes, als eine selbstverständliche Auswirkung der Bestimmung des § 812 Abs. 1 Satz 1 (erste Alternative).

Abs. 1 Satz 2 BGB.), kommen in Frage nur bei teilbaren Leistungen. Eine unteilbare Leistung ist entweder möglich oder unmöglich. Teilweise Unmöglichkeit einer solchen Leistung ist ein Widerspruch in sich. In den Fällen, in denen man bei der unteilbaren Leistung von teilweiser Unmöglichkeit gesprochen hat, handelt es sich vielmehr entweder um (totale) „Vereitlung" oder um eine „Beeinträchtigung" der Leistung. Um jene bei Irreparabilität, um diese bei Reparabilität. Von teilweiser Unmöglichkeit der Leistung, um die es sich hier handelt, kann also nur die Rede sein, wenn diese Leistung, wie z. B. bei Sukzessivlieferungsgeschäft, teilbar ist und nun Leistungsteile unmöglich werden.

„Der Schuldner ist zu Teilleistungen nicht berechtigt" (§ 266 BGB.). Gilt das generell, so kommt eine Befugnis des Schuldners zu Teilleistungen erst recht nicht in Frage, wenn seine (teilbare) Leistung teilweise unmöglich geworden ist. Zu der Einschränkung der in Frage stehenden gesetzlichen Bestimmung auf die Fälle teilbarer Leistungen wird man also weitere Einschränkungen hinzufügen müssen, daß jene Bestimmungen nur anwendbar sind, wenn Teilleistungen vereinbart sind oder in der Natur der Sache liegen [2]).

Die §§ 280 und 325 BGB. regeln ausdrücklich nur den Fall, daß bei teilweiser Unmöglichkeit die teilweise Erfüllung für den andern Fall eintritt, kein Interesse hat. Und zwar wird dieser Teil wie der Fall der totalen Unmöglichkeit behandelt. Die unter Ziff. 1 gemachten Feststellungen gelten daher entsprechend für diese Regelung.

Für den Fall, daß bei (verschuldeter) Unmöglichkeit der andere Teil an der teilweisen Erfüllung Interesse hat, läßt sich aus den Bestimmungen des Gesetzes die Regelung nur per argumentum e contrario schöpfen und aus einer Anwendung der Bestimmungen des § 275 Abs. 1 wie folgt:

Der andere Teil ist befugt:

1. Schadenersatz wegen teilweiser Nichterfüllung zu verlangen oder
2. von dem Vertrage teilweise (bezüglich des unmöglich gewordenen Teils der teilbaren Leistung) zurückzutreten oder
3. statt dessen die für den Fall des § 323 bestimmten Rechtes (bezüglich des unmöglichen Teiles) geltend zu machen.

Gemäß § 323 Abs. 1 BGB. (Nachsatz) mindert sich bei teilweiser Unmöglichkeit die Gegenleistung nach Maßgabe der §§ 473, 472 BGB.).

---

[2]) Vgl. dazu oben Aufsatz VI Z. VI Abs. 2.

Minderung der Gegenleistung und sonst nichts ist auch der Inhalt eines Rücktrittsrechtes, das bei teilweiser Unmöglichkeit der (teilbaren) Leistung und vereinbarten Teilleistung hinsichtlich des unmöglich gewordenen Teils der Teilleistungen ausgeübt wird.

So ist auch für die Fälle der teilweisen Unmöglichkeit der (teilbaren und in Teilen zu bewirkenden) Leistung dieselbe Doppelregelung in ein und demselben Paragraphen des Gesetzes zu konstatieren.

X.

Endergebnis.

Aus den vorstehenden Untersuchungen ergibt sich folgendes:

1. Das Gesetz enthält den Grundsatz, daß jede schuldhafte Verletzung (Vereitlung oder Beeinträchtigung) eines Forderungsrechts durch den Verpflichteten diesen dem anderen Teile gegenüber schadenersatzpflichtig macht.

2. Die Normen, die das BGB. in den §§ 280, 286 und, speziell für gegenseitige Verträge, in den §§ 325 und 326 aufstellt, ergeben sich — vom Rücktrittsrecht abgesehen — ohnehin aus dem Grundsatz zu 1 in Verbindung mit den Normen des BGB. über den Inhalt der Schadenersatzpflicht (§§ 249 ff. BGB.).

3. Gleichzeitig stellt sich heraus, daß „Schadenersatz wegen Nichterfüllung" (BGB. §§ 280, 286, 325, 326) nichts anderes ist als Geldersatz im Gegensatz zur Herstellung des Zustandes, der bestehen würde, wenn der zum Ersatz verpflichtende Umstand nicht eingetreten wäre, also Geldersatz im Gegensatz zur sog. Naturalherstellung.

4. Wie der Vermieter verpflichtet ist, dem Mieter die Mietsache in geeignetem Zustande zu überlassen und sie in diesem Zustande zu erhalten, wie der Unternehmer verpflichtet ist, das Werk frei von Mängeln herzustellen, so ist der Verkäufer verpflichtet die Sache frei von Mängeln zu übergeben.

5. Das Recht auf „Schadenersatz wegen Nichterfüllung", das im Gesetz auftritt als spezifische Rechtsfolge des arglistigen Verschweigens eines Fehlers der Sache durch den Verkäufer (§ 463 BGB.), der schuldhaften Verursachung eines Fehlers der Mietsache durch den Vermieter (§ 538 BGB.), der schuldhaft mangelhaften Herstellung des Werks durch den Unternehmer (§ 635 BGB.) ist kein Kauf-, kein Miet-, kein Werkvertrags-S o n d e r r e c h t. Es ergibt sich vielmehr ohnehin aus einer Anwendung des Grundsatzes zu 1 auf den Kauf, die Miete, den Werkvertrag.

6. Das Recht auf Wandelung bzw. auf Minderung, die das Gesetz an das bloße Vorhandensein eines Mangels der Kaufsache und des Werks, unabhängig vom Verhalten des Verkäufers und des Unternehmers knüpft (§§ 462, 634 BGB.), wie das Recht auf Befreiung von der Entrichtung des Mietzinses bzw. auf Minderung des Mietzinses, die das Gesetz im entsprechenden Fall dem Mieter gewährt (§ 534 BGB.), ist kein Kauf-, kein Werkvertrags-, keine Miete-

Sonderrecht. Es ergibt sich gleichfalls aus einer Anwendung eines allgemeinen Schuldrechtssatzes — der Regel des § 323 BGB. — auf den Kauf-, den Werkvertrag, die Miete.

7. Das Rücktrittsrecht endlich, das das Gesetz in den §§ 325 und 326 dem durch Verschulden des einen Teils in seinen Forderungsrechten verletzten anderen Teil an Hand gibt, entbehrt der rechtlichen Selbständigkeit. Es ist identisch mit dem Anspruch auf Befreiung von der Gegenleistung des § 323 und steht dem andern Teil unabhängig von einem Verschulden des Vertragsgegners ohnehin zu.

Diese Sätze sprechen für sich.

Lediglich erläuternd sei dazu noch folgendes bemerkt:

Zu 1: Der Entdecker der „positiven Vertragsverletzung" ist bekanntlich Hermann Staub. In seiner 1903 erschienenen Schrift „Die positiven Vertragsverletzungen und ihre Rechtsfolgen" schreibt er gelegentlich des Versuchs, den Satz, daß schuldhafte Verletzung einer Verbindlichkeit zum Schadenersatz verpflichte, durch Analogieschlüsse zu begründen: „.... es ist allerdings mißlich, einen allgemeinen Rechtsgrundsatz von so eminenter praktischer Tragweite in den Bestimmungen des Gesetzbuches zu vermissen und ihn aus dem Geiste und aus dem Zusammenhange seiner Vorschriften herauszuinterpretieren. Der Nachweis, daß er ausdrücklich ausgesprochen ist, wäre gewiß dankenswert. Ich kann aber nicht anerkennen, daß er geführt ist" (a. a. O. S. 7).

Und noch in einer 1932 erschienenen Monographie wird diese Auffassung Staubs mit den Worten bekräftigt: „Ein allgemeiner Satz, wonach derjenige, der (schuldhaft) einen Vertrag nicht oder nicht gehörig erfüllt, zum Schadenersatz verpflichtet ist, kann deshalb den Vorschriften des Gesetzes nicht entnommen werden."

Die bereits 1908 erschienene erste der vorstehenden Untersuchungen erbringt den vermißten Nachweis aus dem Gesetz in präziser und unwiderleglicher Form.

Zu 4: Die Unterstellung dieser Pflicht des Verkäufers nach Analogie der Pflicht des Vermieters und des Unternehmers hat in dem indirekten Beweisverfahren der Untersuchungen Nr. VI und Nr. VIII zu Ergebnissen geführt, die die Richtigkeit jener Unterstellung erweisen. Übrigens sollte man, da der Verkäufer verpflichtet ist, die Sache zu übergeben (§ 434 Abs. 1 Satz 1 BGB.) und dafür „haftet", daß die Sache zur Zeit der Übergabe nicht mit Mängeln behaftet ist (§ 459 BGB.), füglich meinen, er sei verpflichtet, die Sache mangelfrei zu übergeben. Indes hat sich eine große juristische Kontroverse darüber entsponnen, ob nicht der (verwirrende) Begriff der „Nichterfüllung", dessen sich das Gesetz bedient, nur das völlige Ausbleiben der Leistung begreife, nicht aber die mangelhafte Erfüllung. Ein Kommentator schreibt z. B.: „So hat, wer die mit ansteckender Krankheit versehene Sache liefert, immerhin erfüllt.“ Ganz neuerlich kann man in einer Studie lesen: „Dagegen hat das Gesetz die Fehlerfreiheit nicht zum Inhalt des Begriffs ‚Leistung‘ gemacht und setzt ihr Vorliegen nicht zur ‚Erfüllung‘ in den genannten Gesetzesstellen voraus.“ Und: „die mangelhafte Leistung ist vielmehr stets Leistung und Erfüllung“.

Im übrigen (zu Punkt 2, 3, 5 bis 7) ist zu sagen:

Ist „Schadenersatz wegen Nichterfüllung“ nichts anderes als Geldersatz im Gegensatz zur Herstellung (Ziff. 3); ergeben sich — vom Rücktrittsrecht abgesehen — die Ansprüche, die die §§ 280, 285, 325, 326 dem in seinen Vertragsrechten durch Schuld des Gegners verletzten Vertragsteil gewähren, aus dem Grundsatz zu 1 und den gesetzlichen Bestimmungen über den Inhalt der Schadenersatzpflicht von selbst (Ziff. 2); sind die Rechte, die das Gesetz im Fall des (unverschuldeten) Auftretens eines Mangels bei den einzelnen Schuldverhältnissen dem Gläubiger gewährt, herzuleiten aus dem e i n e n § 323 (Ziff. 6); hat endlich auch das Rücktrittsrecht hier seinen Ursprung (Ziff. 7), so ist eine Vielgestalt von Rechtsbehelfen auf die Wurzeln zurückgeführt, aus denen sie erwachsen sind. Dieser Wurzeln aber sind zwei: der Grundsatz zu Ziffer 1, demzufolge schuldhafte Verletzung eines Forderungsrechts durch den Schuldner diesen zum Schadenersatz verpflichtet, und die Vorschrift des § 323. Jener Grundsatz aber ist nichts anderes als die Anwendung des allgemeinen Rechtssatzes, daß schuldhafte Rechtsverletzung Schadenersatzpflicht auslöst auf das Forderungsrecht. Die Vorschrift des § 323 aber geht ihrerseits wieder zurück auf die Vorschrift des § 320 BGB., jenes Vertrags g r u n d r e c h t, demzufolge von dem einen Vertragsteil die ihm obliegende Leistung bis zur (gehörigen) Bewirkung der Gegenleistung verweigert werden kann, ganz unabhängig von einem etwaigen Verschulden des andern Teils.

So tauchen aus dem Wirrsal der Rechtsbehelfe, die eine wenig glückliche Gesetzgebung kodifiziert und Rechtsprechung und Literatur mit einem Gestrüpp von Kontroversen überwuchert haben, die beiden granitenen Säulen auf, auf denen (neben der an Bedeutung zurücktretenden ungerechtfertigten Bereicherung) alles Schuldrecht ruht:

1. Die schuldhafte Verletzung fremden Rechts mit der Schadenersatzfolge, also die unerlaubte Handlung.

2. Der Vertrag mit dem Leistungsverweigerungsrecht als seiner s p e z i f i s c h e n Rechtsfolge.

Es wird noch näher zu prüfen sein, wie schuldhafte Verletzung fremden Rechts innerhalb eines bestehenden Vertragsverhältnisses und außerhalb eines solchen sich im einzelnen zueinander verhalten. Schon jetzt aber dürfte erhellen, daß mit der gewonnenen Einsicht in das wahre Wesen all jener Rechtsbehelfe eine Fülle von Streitfragen in sich zusammenfällt und Interesse nur noch behält für die Geschichte der Rechtswissenschaft. Es seien beispielsweise nur erwähnt die Theorien über die „positiven Vertragsverletzungen", die Theorien über das Wesen des „Schadenersatzes wegen Nichterfüllung" (mit dem der 27. Deutsche Juristentag sich eigens befaßt hat), die Lehren über das Wesen von Wandelung und Minderung und der ganze Komplex von Fragen der sogenannten Gesetzeskonkurrenz innerhalb des Schuldrechts, der ein anderes Gesicht bekommt, sobald man auf die Wurzeln der konkurrierenden Normen zurückgeht.

Es liegt aber auf der Hand, daß der Versuchung zu künstlichen juristischen Konstruktionen gegenüber den drängenden Fragen der Praxis wirksam nur durch eine Reform des Schuldrechts begegnet werden kann, die aufbaut auf den wirklichen Fundamenten. Das eine Fundament, der (im Grunde genommen selbstverständliche) Satz, daß jede schuldhafte Verletzung (Vereitlung oder Beeinträchtigung) eines Forderungsrechts durch den Verpflichteten diesen zum Schadenersatz verpflichtet, muß wieder hergestellt werden. Ob dies in der Fassung etwa des Schweizerischen Obligationenrechts von 1911 zu geschehen hat, das in seinem Artikel 97 besagt: „Kann die Erfüllung der Verbindlichkeit überhaupt nicht **oder nicht gehörig** bewirkt werden, so hat der Schuldner für den daraus entstehenden Schaden Ersatz zu leisten, sofern er nicht beweist, daß ihm keinerlei Verschulden zur Last falle", oder in einer andern Form, ist eine Frage zweiten Ranges, die im einzelnen noch zu prüfen sein wird. Was zurückgeht auf diesen Satz, wie einerseits die Regeln der §§ 280, 286, 325, 326 BGB. (Allgemeiner Teil der Schuldverhältnisse), anderseits die Normen der §§ 463, 538, 635 BGB. (Einzelne Schuldverhältnisse), muß den Stempel seiner Herkunft aus jener Wurzel in deutlich erkennbarer Weise an sich tragen. Die Pflicht des Verkäufers zur Übergabe der Kaufsache in mangelfreiem Zustande muß eindeutig ausgesprochen werden. Die Rechtsbehelfe endlich, die auf das Leistungsverweigerungsrecht zurückgehen, jenes andere Fundament des Schuldrechts, das in den §§ 320 und 323 BGB. seinen Ausdruck gefunden hat, müssen miteinander in Einklang gebracht und, soweit entbehrlich, aus dem System entfernt werden. So erscheint ein Neubau des Schuldrechts, der sich in klarer Gliederung auf jenen Fundamenten erhebt, und der damit auch für das Rechtsempfinden des Volkes verständlich wird.

XI.

§ 463 BGB.*).

Eine Besinnung auf die Wurzeln des Schuldrechts.

I. Der Vermieter ist verpflichtet, dem Mieter den Gebrauch der vermieteten Sache während der Mietzeit zu gewähren, § 535 BGB.

Der Unternehmer ist verpflichtet, das versprochene Werk herzustellen, § 631 BGB.

Der Verkäufer ist verpflichtet, dem Käufer die Sache zu übergeben, § 433 BGB.

Die Pflicht des Vermieters zur Gebrauchsgewährung wird im § 536 BGB. näher dahin erläutert, daß er die Mietsache dem Mieter in einem zu dem vertragsmäßigen Gebrauche geeigneten Zustande — also auch mit den zugesicherten Eigenschaften — zu überlassen und sie während der Mietzeit in diesem Zustande zu erhalten hat. Die Herstellungspflicht des Unternehmers wird im § 633 BGB. dahin präzisiert, daß er verpflichtet ist, das Werk so herzustellen, daß es die zugesicherten Eigenschaften hat.

Eine entsprechende Präzisierung der Übergabepflicht des Verkäufers enthält das Gesetz nicht. § 459 Abs. 2 BGB. besagt lediglich, daß der Verkäufer dem Käufer dafür *haftet*, daß die Sache zur Zeit der Übergabe die zugesicherten Eigenschaften hat.

Es liegt aber nichts näher, als — nach Analogie der vom Gesetz ausdrücklich präzisierten Pflicht des Vermieters und des Unternehmers — die Übergabepflicht des Verkäufers dahin zu präzisieren, daß er die Sache *mit* den zugesicherten Eigenschaften zu übergeben hat.

Unterstellt man, daß die Übergabepflicht des Verkäufers den also präzisierten Inhalt hat, so ergeben sich gemäß § 433 BGB. auf der einen Seite des Kaufvertrags als *Pflichten des Verkäufers*:

1. Die Pflicht, die Sache *mit den zugesicherten Eigenschaften* zu übergeben,
2. Die Pflicht, dem Käufer das Eigentum an der Sache zu verschaffen,

---

*) Diese Untersuchung ist während des Drucks zum Abschluß gelangt und nachträglich in das Buch aufgenommen worden. Da sie ursprünglich zur Veröffentlichung an anderer Stelle bestimmt war, war die Wiederholung einzelner Deduktionen unvermeidlich.

auf der andern Seite als Pflichten des Käufers:

1. die Pflicht die gekaufte Sache abzunehmen,
2. die Pflicht, dem Verkäufer den vereinbarten Kaufpreis zuzuzahlen.

Den Pflichten des Verkäufers bzw. des Käufers stehen die entsprechenden Rechte des Käufers bzw. des Verkäufers gegenüber.

Jede Verkäuferpflicht hat eine Leistung des Verkäufers, jede Käuferpflicht eine Leistung des Käufers zum Gegenstand. Jede Leistung des Verkäufers steht zu jeder Leistung des Käufers im Verhältnis von Leistung und Gegenleistung[1]).

Die Untersuchung beschränkt sich auf die Betrachtung der Übergabe der Sache mit den zugesicherten Eigenschaften als Verkäuferleistung in ihrem Verhältnis zur Zahlung des Kaufpreises als Käufergegenleistung.

II. Wer aus einem gegenseitigen Vertrag verpflichtet ist, kann die ihm obliegende Leistung bis zur Bewirkung der Gegenleistung verweigern. § 320 BGB. Steht fest, daß die Gegenleistung unmöglich geworden ist, so verewigt sich mit dem Ausbleiben der Gegenleistung auch das Recht zur Verweigerung der Leistung: Der andere Teil verliert seinen Anspruch auf die Leistung. § 323 Abs. 1 BGB.

Die Leistung des Verkäufers (d. i. die Übergabe der Sache mit der zugesicherten Eigenschaft) ist unmöglich geworden, wenn der Mangel der zugesicherten Eigenschaft unheilbar ist. Dann wird also der Käufer der ihm obliegenden Leistung (d. i. der Zahlung des Kaufpreises) ledig. Der Verkäufer verliert den Anspruch auf Zahlung des Kaufpreises.

§ 323 Abs. 1 BGB. bestimmt im Nebensatz noch folgendes: „Bei teilweiser Unmöglichkeit mindert sich die Gegenleistung nach Maßgabe der §§ 472, 473". Teilweises Unmöglichwerden der Leistung setzt neben dem unmöglich gewordenen Teil der Leistung einen noch möglichen Teil der Leistung, also Leistungsteile voraus. Leistungsteile aber sind nur denkbar bei teilbarer Leistung. Teilweises Unmöglichwerden kann daher auch nur bei einer teilbaren Leistung in Frage kommen. Eine unteilbare Leistung ist entweder möglich oder unmöglich. In den Fällen, in denen man bei einer unteilbaren Leistung von teilweisem Unmöglichwerden gesprochen hat, handelt es sich vielmehr

---

[1]) Das nachfolgende Schema veranschaulicht die Verflechtung von Leistung und Gegenleistung:

	Abnahme	Zahlung
Übergabe		×
Eigentumsverschaffung		

entweder um echte (totale) Unmöglichkeit oder um eine bloße Beeinträchtigung der Leistung. Um jene bei Unheilbarkeit (Irreparabilität), um diese bei Heilbarkeit (Reparabilität) des Mangels.

Von einer teilweisen Unmöglichkeit der Leistung des Käufers, um die es sich hier handelt — d. i. der Übergabe der Sache mit den zugesicherten Eigenschaften — kann also nur die Rede sein, wenn diese Leistung, wie z. B. beim Sukzessivlieferungsgeschäft, teilbar ist und nun Leistungsteile unmöglich werden, also ohne die zugesicherte Eigenschaft erfolgen, ohne daß Remedur möglich wäre. In diesem Fall tritt eine Minderung des Kaufpreises gemäß § 472 BGB. ein.

Das Kaufrecht des BGB. gibt im § 462 dem Käufer für den Fall, daß der Sache zur Zeit der Übergabe eine zugesicherte Eigenschaft fehlt, die Befugnis, Rückgängigmachung des Kaufes (Wandelung) oder Herabsetzung des Kaufpreises (Minderung) zu verlangen. Beide erfolgen nach Maßgabe der §§ 467 bzw. 472, 473 BGB. Das Kaufrecht macht keinen Unterschied zwischen einem heilbaren oder unheilbaren Mangel der zugesicherten Eigenschaft. § 462 BGB. gilt also in beiden Fällen.

Die prinzipielle Übereinstimmung der Behandlung, die darnach dem Fall des unheilbaren Mangels einer zugesicherten Eigenschaft zuteil wird, mit der Behandlung, die der § 323 Abs. 1 BGB. diesem Fall angedeihen läßt, ist handgreiflich. Hier wie dort als Rechtsfolgen Wandlung und Minderung. Denn es bedarf keiner besonderen Auseinandersetzung, daß der Verlust des Anspruchs auf die Gegenleistung, der den Verkäufer nach § 323 trifft, nichts anderes ist, als die eine Seite der Rückgängigmachung des Kaufs (also der Wandelung), die nach § 462 BGB. einzutreten hat. An dieser prinzipiellen Übereinstimmung ändert es nichts, daß der § 462 BGB. die Rechte auf Wandelung und auf Minderung stets wahlweise nebeneinander gewährt, während nach der Regel des § 323 BGB. die Wandelung auf den Fall der gänzlichen, die Minderung auf den Fall der (echten) teilweisen Unmöglichkeit beschränkt erscheint. Es ist die Frage, ob es sich hier um eine durch die Sondernatur des Kaufvertrags bedingte Abweichung vom Prinzip (also um echtes Kauf-Sonderrecht) oder um eine Folge mangelhafter Erkenntnis des formbildenden Prinzips auf seiten des Gesetzgebers handelt.

Daß gemäß § 323 Abs. 3 BGB. das bereits Geleistete lediglich nach den Vorschriften über die Herausgabe einer ungerechtfertigten Bereicherung soll zurückgefordert werden können, während gemäß § 467 BGB. diese Einschränkung nicht gilt, ändert nichts an der Tatsache, daß hier wie da das gleiche Prinzip obwaltet. Die Abweichung ist sekundärer Natur. Ob sie durch die Sondernatur des

Kaufrechts gerechtfertigt ist, bedarf noch der Untersuchung. Auch von der Kauf-Sonderrechts-Norm des § 477 BGB., betreffend die Verjährung der Ansprüche auf Wandelung und Minderung gilt Entsprechendes.

Zu einer Regelung des Falles der bloßen Beeinträchtigung — heilbarer Mangel einer zugesicherten Eigenschaft der Sache zur Zeit der Übergabe — bietet der § 323 Abs. 1 BGB. keine direkte Handhabe. Eine analoge Anwendung des Nebensatzes über teilweise Unmöglichkeit ergibt aber auch hier eine sich mit der Regelung des § 462 BGB. deckende Beordnung des Falls (auch hier allerdings mit den oben erörterten Abweichungen vom Prinzip).

III. Der Berechtigte kann von dem Verpflichteten Schadenersatz verlangen, wenn dieser sein Recht schuldhaft vereitelt oder beeinträchtigt, § 160 Abs. 1 BGB.[2]).

Vereitelt oder beeinträchtigt also der Verkäufer durch sein Verschulden das Recht des Käufers auf Übergabe der Sache mit der zugesicherten Eigenschaft, so kann der Käufer von dem Verkäufer Schadenersatz verlangen.

Vom Verkäufer verschuldet ist die Vereitlung oder Beeinträchtigung des Käuferrechts auf Übergabe mit der zugesicherten Eigenschaft, wenn die Übergabe durch ihn erfolgt in Kenntnis oder in fahrlässiger Unkenntnis des Mangels. Denn dann hat der Verkäufer seine Pflicht zur Übergabe mit der zugesicherten Eigenschaft verletzt.

So ergibt sich der Satz: Der Käufer kann von dem Verkäufer Schadenersatz verlangen, wenn dieser die Sache übergibt in Kenntnis oder in fahrlässiger Unkenntnis des Mangels einer zugesicherten Eigenschaft.

Den Inhalt der Schadenersatzpflicht bestimmen §§ 249 ff. BGB. Darnach hat der Verpflichtete den Zustand herzustellen, der bestehen würde, wenn der zum Ersatz verpflichtende Umstand nicht eingetreten wäre, § 249 Satz 1 BGB. Ist wegen Beschädigung einer Sache Schadenersatz zu leisten, so kann der Gläubiger statt der Herstellung den dazu erforderlichen Geldbetrag verlangen, § 249 Satz 2 BGB.

Der Gläubiger kann den Ersatzpflichtigen zur Herstellung einer angemessenen Frist mit der Erklärung bestimmen, daß er die Herstellung nach dem Ablaufe der Frist ablehne. Nach dem Ablauf der Frist kann der Gläubiger den Ersatz in Geld verlangen, wenn nicht die Herstellung rechtzeitig erfolgt; der Anspruch auf die Herstellung ist

---

[2]) Vgl. die vorstehende Abhandlung Nr. X „Endergebnis", insbesondere S. 54 das. Zu 1.

ausgeschlossen, § 250 BGB. Soweit die Herstellung nicht möglich oder zur Entschädigung des Gläubigers nicht genügend ist, hat der Ersatzpflichtige den Gläubiger in Geld zu entschädigen. Der Ersatzpflichtige kann den Gläubiger in Geld entschädigen, wenn die Herstellung nur mit unverhältnismäßigen Aufwendungen möglich ist, § 251 BGB.

Eine Anwendung dieser Normen auf den soeben gewonnenen Rechtssatz ergibt folgendes:

A. Ist der Mangel der zugesicherten Eigenschaft unheilbar, so ist die Herstellung des Zustandes, der ohne den zum Ersatz verpflichtenden Umstand — die Verletzung seiner Übergabepflicht durch den Verkäufer — bestehen würde, nicht mehr möglich. Der Verkäufer, der die Sache in Kenntnis oder in fahrlässiger Unkenntnis eines solchen Mangels übergibt — Fall der schuldhaften Vereitlung des Käuferrechts — hat daher den Käufer in Geld zu entschädigen.

B. Ist der Mangel der zugesicherten Eigenschaft heilbar, so ist die Möglichkeit der Herstellung des normalen Zustandes noch gegeben. Die Herstellung erfolgt durch Beseitigung des Mangels. Der Verkäufer, der die Sache in Kenntnis oder in fahrlässiger Unkenntnis des heilbaren Mangels einer zugesicherten Eigenschaft übergibt — Fall der schuldhaften Beeinträchtigung des Käuferrechts — ist also zur Beseitigung des Mangels verpflichtet. Ablehnen kann er die Herstellung, wenn sie nur mit unverhältnismäßigen Aufwendungen möglich ist.

In Geld hat der Verkäufer den Käufer zu entschädigen:

1. wenn die Herstellung nicht rechtzeitig erfolgt (§ 250 BGB.),
2. soweit die Herstellung zur Entschädigung des Käufers nicht genügend ist (§ 251 BGB.).

Der Fall der Vereitlung des Käuferrechts auf Übergabe der Sache mit der zugesicherten Eigenschaft ist offenbar identisch mit dem Fall der Unmöglichwerdens der dem Verkäufer obliegenden Leistung, d. i. der Übergabe mit der zugesicherten Eigenschaft. Wie § 323 BGB. den Fall dieses Unmöglichwerdens infolge eines Umstandes behandelt, den weder der eine noch der andere Fall zu vertreten hat, so regelt § 325 BGB. den Fall des Unmöglichwerdens der Leistung infolge eines Umstandes, den der Leistungspflichtige zu vertreten hat. § 325 BGB. gibt für diesen Fall dem andern Teil das Recht, „Schadenersatz wegen Nichterfüllung“ zu verlangen. Wie die Tatbestände identisch sind (Vereitlung des Käuferrechts auf Übergabe der Sache mit der zugesicherten Eigenschaft = Unmöglichwerden der dem Verkäufer obliegenden Leistung, d. i. der Übergabe mit der zugesicherten Eigenschaft), so sind es auch die Rechtsfolgen. „Schadenersatz wegen

Nichterfüllung" ist nichts anderes als Gelderſatz, der in den vom Gesetz beſtimmten, oben dargelegten Fällen an die Stellen der primären Herſtellung (ſogenannte Natural-Herſtellung) tritt[3]).

Das prinzipielle Ziel des Schadenerſatzes iſt die Herſtellung des Zuſtandes, der beſtehen würde, wenn der zum Erſatz verpflichtende Umſtand nicht eingetreten wäre. Iſt — wie im vorliegenden Fall — der zum Erſatz verpflichtende Umſtand die Verletzung einer Obligation, ſo bedeutet die Herſtellung jenes Zuſtandes die (faktiſche oder geldliche) Reſtauration der Obligation. Schadenserſatz geht alſo bei Verletzung einer Obligation automatiſch auf das Erfüllungsintereſſe. Er geht bei Abgabe fehlerhafter Willenserklärungen außerhalb einer Obligation[4]) ebenſo automatiſch auf das Vertrauensintereſſe. Erfüllungsintereſſe und Vertrauensintereſſe ſind nichts anderes als die Auswirkung eines und desſelben Grundprinzips (der Herſtellung des Zuſtandes, der beſtehen würde, wenn der zum Erſatz verpflichtende Umſtand nicht eingetreten wäre), dort innerhalb eines Schuldverhältniſſes, hier außerhalb eines Schuldverhältniſſes. Die Verwendung beſonderer termini für die eine oder andere Auswirkung des Grundprinzips (Erfüllungsintereſſe, Schadenerſatz wegen Nichterfüllung — Vertrauensintereſſe, negatives Intereſſe) iſt überflüſſig und verwirrend[5]).

---

[3]) Vgl. die Unterſuchung Nr. III „Schadenerſatz wegen Nichterfüllung". Dort iſt der Nachweis der Identität von „Schadenerſatz wegen Nichterfüllung" mit Gelderſatz in extenso geführt und an praktiſchen Fällen erhärtet, insbeſondere an dem bekannten vom Reichsgericht entſchiedenen ſogen. Petroleumfall.

[4]) Vgl. z. B. §§ 119, 120, 122 BGB.

[5]) Die termini poſitives und negatives Vertragsintereſſe gehen auf die Abhandlung Iherings „culpa in contrahendo oder Schadenerſatz bei nichtigen oder nicht zur Perfektion gelangten Verträgen" in den Jahrbüchern für Dogmatik Bd. 4 S. 1 ff. zurück. Ihering verweiſt dort in Anm. 17 auf Mommſen, „Beiträge zum Obligationenrecht" I S. 107; Mommſen hinwiederum an der zitierten Stelle in Anm. 10 auf von Savigny, „Syſtem des heutigen Römiſchen Rechts", Bd. III § 138 Anm. d.

Alle drei Autoren betonen, daß das poſitive Vertragsintereſſe die Gültigkeit, das negative die Ungültigkeit des Vertrags zur Vorausſetzung habe. Daß das eine wie das andere nur der Ausfluß ein und desſelben Prinzips iſt, nämlich des Prinzips der Herſtellung des Zuſtandes, der ohne den zum Erſatz verpflichtenden Umſtand beſtehen würde, tritt nicht hervor. Es ſei deshalb nochmals betont, daß dieſes Grundprinzip der Schadenerſatzleiſtung — vgl. § 249 S. 1 BGB. — eo ipso zum poſitiven Vertragsintereſſe führt, wenn für die Verletzung einer exiſtent gewordenen Vertragspflicht Schadenerſatz zu leiſten iſt, ebenſo eo ipso aber zum ſog. negativen Vertragsintereſſe (Vertrauensintereſſe), wenn — wie zum Beiſpiel im Falle des § 119 BGB. — durch Abgabe einer fehlerhaften Willenserklärung Schaden entſtanden iſt, ohne, daß eine Obligation entſtanden wäre.

Eine Anmerkung iſt nicht der Ort zu einer Auseinanderſetzung mit

IV. Die Untersuchung ist — es sei noch einmal ins Gedächtnis zurückgerufen — von einer Unterstellung ausgegangen, der Annahme nämlich, daß der Verkäufer verpflichtet sei, die Sache **mit** der zugesicherten Eigenschaft zu übergeben. Sie hat in Z. III den aus § 160 Abs. 1 BGB. entnommenen Grundsatz zu Hilfe genommen, daß schuldhafte Verletzung (Vereitlung oder Beeinträchtigung) einer Obligation durch den Verpflichteten diesen zum Schadenersatz verpflichtet. Die so ermöglichten juristischen Deduktionen erhellen das System des Schuldrechts in überraschender Weise:

Obligation entsteht, von der an Bedeutung zurücktretenden ungerechtfertigten Bereicherung abgesehen:

1. aus Vertrag,
2. aus Delikt [6]).

Die Folge des Vertrags sind Vertragspflichten. Die Folge des Delikts ist die Pflicht zum Schadenersatz.

Delikt — **und nichts anderes** — ist auch die schuldhafte Verletzung (Vereitlung oder Beeinträchtigung) einer Obligation. Die Schadensersatzpflicht wirkt sich dabei — das ist die einzige Besonder-

---

einer Abhandlung wie der erwähnten von **Jhering**. Diese Auseinandersetzung soll später an anderer Stelle erfolgen. Hingewiesen sei aber schon an dieser Stelle darauf, daß **Jhering** unter Hinweis auf die römischen Quellen auch in den ädilitischen Klagen durch culpa begründete Schadenersatzansprüche erblicken zu müssen glaubte (vgl. a. a. O. S. 17). Eine Auffassung, die in der späteren Rechtswissenschaft wohl nirgends mehr vertreten wird und vollends durch die Aufdeckung der exceptio non adimpleti contractus als des wahren Rechtsgrundes der Gewährleistung für Sachmängel widerlegt sein dürfte.

Auch darauf darf hier noch (rein vorläufig) hingewiesen werden, daß Jherings Theorie der culpa in contrahendo lediglich durch die besondere Struktur des römisch-rechtlichen Deliktsrechts hervorgerufen war, das Schadenersatzpflicht als Folge bloßer culpa **außerkontraktlich** nur in sehr beschränkten Grenzen kannte (actio legis Aquiliae). Nach der neueren Gesetzgebung — BGB., Schweizerisches Obligationenrecht — genügt schon bloße Fahrlässigkeit zur Begründung außerkontraktlicher Schadenersatzansprüche. Womit die Notwendigkeit juristischer Not-Konstruktionen entfallen sein dürfte.

Daß sich von dem so angedeuteten Standpunkt aus die Notwendigkeit ergibt, zur modernen Lehre der culpa in contrahendo und zu der Frage der Haftung für das „Verhalten während der Vertragsverhandlungen" noch besonders Stellung zu nehmen, entgeht mir keineswegs.

[6]) Das Schweizerische Obligationenrecht von 1911 behandelt im ersten Titel seiner Ersten Abteilung die Entstehung der Obligationen in drei Abschnitten:

I. die Entstehung durch Vertrag,
II. die Entstehung durch unerlaubte Handlungen,
III. die Entstehung aus ungerechtfertigter Bereicherung.

Selbstverständlich ist es dem Schweizer Gesetzgeber ebensowenig entgangen, wie ich es übersehe, daß es noch andere Entstehungsgründe der Obligation gibt. Um das von mir aus zu dokumentieren, verweise ich ausdrücklich auf **von Tuhr**, „Allgemeiner Teil des Schweizerischen Obligationenrechts" § 6 und,

heit — als Pflicht zum Ersatz des Erfüllungsinteresses aus. Das ist aber lediglich die automatische Folge der Anwendung des Grundprinzips der Schadenersatzpflicht — Wiederherstellung des normalen Zustandes — auf die Obligationsverletzung. Wo immer also von Schadenersatzpflicht die Rede ist, ist im Zweifel der Rückschluß auf ein Delikt — sei es außerhalb, sei es innerhalb des Rahmens eines Schuldverhältnisses — am Platze.

Wo im Rahmen eines Schuldverhältnisses kein Delikt — also keine schuldhafte Obligationsverletzung durch den andern Teil — vorliegt und die Schadenersatzpflicht auslöst, ist der in seinem Obligationsrecht objektiv — also ohne Verschulden des andern Teils — bedrängte Teil auf den spezifischen Rechtsbehelf angewiesen, der sich aus der Struktur des Vertrags ergibt: das defensive Recht zur Verweigerung der Leistung bis zur Bewirkung der Gegenleistung. Diese sogenannte Einrede des nichterfüllten Vertrags ist der wahre Rechtsgrund der Gewährleistung für Sachmängel. Sie ist auch die Wurzel, aus der das gesetzliche Rücktrittsrecht bei gegenseitigen Verträgen (§§ 325, 326 BGB.) erwachsen ist, und das Recht zur fristlosen Kündigung bei Verträgen, die ein Dauerverhältnis begründen wie die Miete, der Dienstvertrag, die Gesellschaft usw.[7]).

Das Grundprinzip der (stets deliktischen) Schadenersatzpflicht ist die Wiederherstellung des normalen Zustandes (§ 249 Bl. i. BGB.). Das Grundprinzip des Vertrags ist die Äquivalenz von Leistung und Gegenleistung und das daraus fließende Recht der Verweigerung der Leistung bis zur Bewirkung der Gegenleistung. Der Begriff „Unmöglichkeit" interessiert also nur insoweit, als bei der Schadenersatzpflicht die Wiederherstellung und beim Vertrag die Gegenleistung unmöglich geworden ist und daher Befreiung von der Leistung eintritt. Die Verselbständigung der Lehre von der Unmöglichkeit hat zu einer Grenzverwirrung von Deliktsrecht und Vertragsrecht geführt, und eine Fülle von Unklarheiten und Kontroversen heraufbeschworen[8]).

---

hinsichtlich der Entstehungsgründe speziell der Schadenersatzpflicht im deutschen Recht, auf Enneccerus-Lehmann, „Recht der Schuldverhältnisse" II § 14 Ziff. IV. Ich lasse hier dahingestellt, inwieweit sämtliche übrigen Gründe näherer Prüfung standhalten. Auf jeden Fall treten alle anderen an Bedeutung neben jenen drei Hauptklassen völlig zurück, so daß im Rahmen dieser Untersuchung es unbedenklich ist, dem Schweizer Beispiel zu folgen. Vgl. übrigens auch das klassische römische Recht bei Gaj. III § 88: „omnis enim obligatio vel ex contractu nascitur vel et delicto".

[7]) Vgl. die Untersuchung Nr. IX oben: „Die rechtliche Natur des gesetzlichen Rücktrittsrechts". Auf das gesetzliche Recht zu fristloser Kündigung an anderer Stelle näher einzugehen, darf vorbehalten bleiben.

[8]) Die Verselbständigung der Lehre von der Unmöglichkeit der Leistung geht anscheinend zurück auf das 1853 erschienene Buch von Friedrich Mommsen

Innerhalb des so erhellten Rahmens des Schuldrechts ergeben sich für den Käufer, dessen Recht auf Übergabe der Sache **mit** der zugesicherten Eigenschaft verletzt ist, folgende Rechtsbehelfe:

Fall I. **Die Sache ist ohne die zugesicherte Eigenschaft übergeben, ohne daß ein Verschulden des Verkäufers vorläge:**

der Käufer hat die Einrede des nichterfüllten Vertrags. Sie führt bei Unheilbarkeit des Mangels automatisch zur Befreiung des Käufers von der Pflicht zur Zahlung des Kaufpreises (Wandelung).

Bei teilweisem Fehlen der zugesicherten Eigenschaft (diese fehlt bei einem Teil der teilbaren Leistung) erwächst dem Käufer gemäß § 323 Abs. 1 Nebensatz das Recht auf Minderung. Minderung tritt auch ein unter analoger Anwendung des § 323 Abs. 1 Nebensatz bei Über-

---

„Die Unmöglichkeit der Leistung in ihrem Einfluß auf obligatorische Verhältnisse", das, in der gemeinrechtlichen Doctrin von maßgebendem Einfluß, sich offenbar auch bei der Schaffung des BGB. durchgesetzt hat. Mommsen schreibt im Vorwort zu seinem Buch: „An einer zusammenhängenden Darstellung dieser Lehre fehlt es noch ganz. In den umfassenden Werken aber, welche das ganze Zivilrecht oder doch das Obligationenrecht zu ihrem Gegenstande haben, wird dieselbe in der Regel ziemlich kurz abgehandelt, und noch dazu in der Weise, daß die einzelnen Teile derselben in sehr verschiedenen Abschnitten vorkommen, so in dem allgemeinen Teil des Obligationenrechts in den Abschnitten, welche von den Voraussetzungen der Gültigkeit einer Obligation im allgemeinen, von der Wirksamkeit der Verträge, von der Aufhebung der Obligationen handeln, in dem speziellen Teil des Obligationenrechts besonders in den Abschnitten von dem Kaufkontrakt und der Miete..... Nichtsdestoweniger bleibt es ein Übelstand, wenn Gegenstände, welche in einem inneren Zusammenhange miteinander stehen, in der Darstellung getrennt werden; nur zu leicht kann eine solche Trennung zu einer Verkennung des Zusammenhanges und dadurch mittelbar zu irrigen Auffassungen führen. Je weniger aber in Ansehung einer bestimmten Lehre der erwähnte Übelstand in den Systemen sich vermeiden läßt, um so mehr würde es gerechtfertigt sein, dieselbe zum Gegenstande einer besonderen Darstellung zu machen."

Die Folgen dieser „Verselbständigung" der Lehre von der Unmöglichkeit der Leistung liegen im Schuldrecht des BGB. zutage, wo ohne Rücksicht auf die unentrinnbare, um nicht zu sagen ewige Struktur des Schuldrechts, Vertragsrecht und Deliktsrecht in verwirrender Weise vermischt sind. So enthält § 323 BGB. Vertragsrecht, § 325 BGB. Deliktsrecht (Schadenersatz wegen Nichterfüllung) und reines Vertragsrecht (Rücktritt), § 326 BGB. Deliktsrecht (Schadenersatz) und Vertragsrecht (Rücktritt). Kein Wunder, daß der Zweifel und Kontroversen kein Ende ist.

Hier darf auch nochmals auf die Untersuchung Nr. VIII oben verwiesen werden, wo nachgewiesen wird, daß die Rechtsbehelfe der Wandelung und Minderung, die § 462 BGB. dem Käufer an Hand gibt, diesem bereits durch § 440 BGB. zur Verfügung gestellt sind. § 440 BGB. aber schöpft sie aus § 323 BGB., also aus dem allgemeinen Teil der Schuldverhältnisse.

gabe der Sache ohne die zugesicherte Eigenschaft, wenn dieser Mangel heilbar ist.

Fall II. Die Sache ist vom Verkäufer vorsätzlich oder fahrlässig ohne die zugesicherte Eigenschaft übergeben worden.

Dem Käufer erwächst hier aus der schuldhaften Verletzung seines Rechtes auf Übergabe mit der zugesicherten Eigenschaft ein Schadenersatzanspruch. Dieser geht bei Unheilbarkeit des Mangels auf Geld, bei Heilbarkeit des Mangels in erster Linie auf Beseitigung, erst sekundär auf Geld. Quantitativ ist er auf das Erfüllungsinteresse gerichtet.

Unter Ziffer III oben ist dargetan, daß das Kaufrecht des BGB. den Fall I durch seine Vorschriften über die Gewährleistung für Sachmängel in einem grundsätzlich vollkommenen Paralellismus zu dem § 323 BGB. geregelt hat. Es bleibt die Frage übrig, wie es sich mit der Regelung des Falls II durch das Kaufrecht BGB. verhält.

V. Das Mietrecht des BGB. gibt dem Mieter im § 538 das Recht, statt der im § 537 bestimmten Rechte Schadenersatz wegen Nichterfüllung zu verlangen, wenn der Mangel einer zugesicherten Eigenschaft infolge eines Umstandes entsteht, den der Vermieter zu vertreten hat.

Das Werkvertragsrecht des BGB. gibt dem Besteller im § 635 das Recht, statt der Wandelung oder der Minderung Schadenersatz wegen Nichterfüllung zu verlangen, wenn der Mangel einer zugesicherten Eigenschaft „auf einem Umstande beruht, den der Unternehmer zu vertreten hat".

Dem Kaufrecht des BGB. fehlt eine entsprechende Bestimmung. Wie es den Satz nicht ausspricht, daß der Verkäufer verpflichtet sei, die Sache mit der zugesicherten Eigenschaft zu übergeben, so enthält es auch nicht den Satz, daß der Käufer Schadenersatz wegen Nichterfüllung verlangen könne, wenn der Verkäufer jene seine Pflicht schuldhaft verletzt, also die Sache vorsätzlich oder fahrlässig ohne die zugesicherte Eigenschaft übergibt. Dagegen bringt es in seinem § 463 Satz 1 folgende Vorschrift: „Fehlt der verkauften Sache zur Zeit des Kaufs eine zugesicherte Eigenschaft, so kann der Käufer statt der Wandelung oder der Minderung Schadenersatz wegen Nichterfüllung verlangen".

Schadenersatz wegen Nichterfüllung kann also verlangt werden „statt" der Wandelung oder der Minderung. Diese setzen voraus, daß der Sache zur Zeit der Übergabe eine zugesicherte Eigenschaft fehlt. Die Tatbestandsmerkmale des § 463 Satz 1 sind also:

1. Fehlen der zugesicherten Eigenschaft zur Zeit des Kaufs,
2. Fehlen der zugesicherten Eigenschaft zur Zeit der Übergabe der Sache.

Erst durch die Einigung des Kaufs kommt der Vertrag zustande. Die Zusicherung einer Eigenschaft bildet einen Bestandteil dieser Einigung. Sie liegt also außerhalb des Rahmens des Kaufvertrags, der erst mit jener Einigung zustande kommt. So sind im § 463 Satz 1 BGB. zwei Tatbestände miteinander verkoppelt, die wesensverschieden sind:

1. die Zusicherung einer nicht vorhandenen Eigenschaft zur Zeit des Kauf-Abschlusses,
2. das Fehlen einer zugesicherten Eigenschaft zur Zeit der Übergabe der Sache.

Der zweite Tatbestand löst die Einrede des nichterfüllten Vertrags und in deren Konsequenz — wie unter Ziff. III dargetan wurde — die Rechtsbehelfe der Wandelung und Minderung aus.

Der erste Tatbestand ist verwandt mit dem Tatbestand des § 307 BGB. Er deckt sich mit diesem für den Fall der Mangel der zugesicherten Eigenschaft unheilbar ist und der Verkäufer diese Unheilbarkeit kannte oder kennen mußte. Treten diese Voraussetzungen zu dem bloßen Fehlen einer zugesicherten Eigenschaft zur Zeit der Einigung hinzu, so ist gemäß § 307 BGB. für den Käufer ein Schadenersatzanspruch gegeben, der, da nicht die Verletzung einer Obligation in Frage steht, lediglich auf das Vertrauensinteresse geht.

Ein Rechtsgrund für den Anspruch auf das Erfüllungsinteresse ließe sich nur so konstruieren, daß man in dem Fehlen der Eigenschaft zur Zeit der Zusicherung ein Verschulden (Fahrlässigkeit) des Verkäufers erblickte, ein Verschulden, das sich dann noch auf die Pflicht zur Übergabe mit der zugesicherten Eigenschaft erstreckte. Der wahre Grund des Anspruchs auf das Erfüllungsinteresse liegt dann aber in der schuldhaften Verletzung des Käuferrechts auf Übergabe der Sache mit der zugesicherten Eigenschaft.

§ 463 Satz 1 BGB. ist also zwiespältig. Sein einer Bestandteil (unverschuldeter Mangel zur Zeit der Übergabe) ist echtes Vertragsrecht, sein anderer (Mangel der zugesicherten Eigenschaft zur Zeit der Zusicherung) ist außervertragliches Deliktsrecht (§ 307 BGB.). So liegt er im Kaufrecht des BGB. wie ein erratischer Block. Kein Wunder, daß sich Kontroverse über Kontroverse an ihn geknüpft hat. Es tut not, ihn so rasch als möglich zu beseitigen.

Dagegen müssen in das Kaufrecht des BGB. die fehlenden Bestimmungen für den Fall der schuldhaften Verletzung der Übergabepflicht des Verkäufers eingebaut werden.

VI. In gleicher Weise wie für den ersten Satz des § 463 BGB. läßt sich die Untersuchung für den zweiten Satz durchführen, wenn man unterstellt, daß der Verkäufer verpflichtet sei, die Sache frei von Fehlern im Sinne des § 459 Abs. 1 BGB. zu übergeben. Aus einer Anwendung der §§ 320 und 323 BGB. auf diesen Satz ergeben sich die Käuferrechte auf Wandelung und Minderung. Aus einer Anwendung des Prinzips, das schuldhafte Verletzung des Gläubigerrechts den Schuldner schadensersatzpflichtig macht (§ 160 BGB.) folgt das Käuferrecht auf Ersatz des Erfüllungsinteresses, wenn der Verkäufer seine Pflicht zu fehlerfreier Übergabe der Kaufsache vorsätzlich oder fahrlässig verletzt. Dieses Käuferrecht umfaßt auch den Fall des § 463 Blatt 2, denn der Verkäufer, der einen Fehler der Sache arglistig verschweigt, verletzt schuldhaft seine Pflicht zu fehlerfreier Übergabe der Sache[9]).

So bleibt lediglich noch durch Rückkehr zum Ausgangspunkt das letzte Fazit aus dieser Untersuchung zu ziehen. Dieser Ausgangspunkt ist die Unterstellung der Verkäuferpflicht zur Übergabe der Kaufsache ohne Fehler und mit den zugesicherten Eigenschaften. Eine Unterstellung oder eine Fiktion ist ein Denkexperiment, wie sich deren der Mathematiker im indirekten Beweise bedient. Die Fiktion hat sich als ungemein fruchtbar zu durchdringender Erkenntnis des Kaufrechts wie des Schuldrechts überhaupt erwiesen. Sie hat zur Aufdeckung der Einrede des nichterfüllten Vertrags als des wahren Rechtsgrundes der Gewährleistung für Sachmängel geführt. Von ihr aus fällt Licht auf die dunkle Struktur des § 463 BGB. und auf die Lücke, die er verdeckt. Der lediglich akzessorische Charakter der „Unmöglichkeit der Leistung" wird klar. Zutage aber treten vor allem wieder Vertrag und Delikt als die beherrschenden Fundamente, auf denen in einfacher und klarer Gliederung der Neubau eines geläuterten Schuldrechts aufgeführt werden kann.

Womit der Beweis der Richtigkeit jener Unterstellung erbracht sein dürfte.

---

[9]) Die Unterstellung ist durchgeführt in der Untersuchung Nr. VI oben: „Die Haftung des Verkäufers für die Fehler der Sache."
Es darf darauf verwiesen werden.

Kolibri 360 GmbH
Ferdinand-Jühlke-Straße 7
99095 Erfurt, Deutschland
produktsicherheit@kolibri360.de